KB121106

뭐든 다
배달합니다

뭐든 다 배달합니다

김하영 지음

쿠팡·배민·카카오
플랫폼노동
200일의
기록

Touch!
Touch!
Touch!
Touch!
Touch!
Touch!
Touch!
Touch!
To
Touch

메디치

제가 사는 아파트 단지 상가의 치킨집은 치킨을 맛있게 잘 튀깁니다. 그래서 직접 사오거나 전화로 예약 주문을 해서 받아와 먹습니다. 굳이 먼 곳에 있는 치킨집에서 배달을 시켜본 적은 별로 없습니다. 클릭 몇 번으로 인터넷 쇼핑몰에서 주문하는 것보다 직접 카트를 끌고 돌아다니며 하는 쇼핑을 즐깁니다. 옷이나 신발은 매장에 가서 꼭 입거나 신어봐야 한다는 주의입니다. 가끔 카메라 같은 고가품을 살 때는 어쩔 수 없이 인터넷 최저가를 택하지만 그때도 '직접 수령'을 택하는 경우가 많습니다. 그러고 보면 저는 요즘의 '배달 전성' 시대에 뒤처진 사람임에 분명한 것 같습니다. 그런 제가 '배달 전선'에 뛰어들었습니다.

배달 전선에 뛰어든 이유는 크게 두 가지입니다.

첫째, 궁금했습니다. 2018년부터 '억대 연봉'의 택배기사에 관한 기사들이 나오기 시작했습니다. 2020년에는 '억대 연봉'의 배달 라이더 기사도 나왔습니다. 주변에서는 대리기사만 열심히 해도 한 달에 400만 원 이상은 벌 수 있다는 이야기도 들었습니다. 음,

배달을 해서 그렇게 많은 돈을 벌 수 있단 말이야? 그럴 것도 같았습니다.

쿠팡이나 11번가, 위메프, G마켓 등으로 대표되는 인터넷 쇼핑 시장이 급성장하고 있습니다. 배민이나 요기요 등으로 상징되는 음식 배달 시장은 외식문화의 판도를 바꾸고 있습니다. 2016년, 카카오가 대리운전 시장에 뛰어들었습니다. 2020년에는 택시업에서 물러난 타다가 대리운전으로 방향을 틀어 합류했습니다. 대리운전의 시장 규모만 3조 원이라 합니다. 이 시장의 성장 배경이 궁금했습니다.

둘째, 답답했습니다. 2019년 우리 사회는 '타다 갈등'을 겪었습니다. 한쪽에서는 기술 진보와 소비자 편의성을 옹호하며 규제 타파를 주장하고, 다른 한쪽에서는 생존권 사수를 결의하며 분신투쟁에까지 나서는 극단적 대립 양상이 나타났습니다. 매우 안타까운 일입니다. 교과서에서나 보던 '러다이트 운동'이 21세기 대한민국에서 재현되는 것 같았습니다. 그럼에도 이 문제에 대한 사회적 해법은 만족스럽지 못했습니다. 적어도 제가 보기에는 그랬습니다. 시대 변화의 큰 흐름에 대한 논의와 방향 제시는 없고, 당장의 이권 조정으로 귀결된 것 같아 답답했습니다.

미디어에서 종종 '일일 체험기' 같은 르포 기사들이 나오기는 했지만, 제 궁금증과 답답함을 풀기에는 부족했습니다. 궁금증과 답답함을 해결하기 위해 2020년 1월 다니던 회사를 그만두고 배달 일에 뛰어들었습니다. 쿠팡 물류센터에서 일용직으로 일하고, 배달의민족 커넥터로 음식 배달도 하고, 또 카카오 대리운전도 했습니다. 일을 하면서 만나는 사람들의 이야기에도 귀를 기울였습니다.

18년을 기자로 살았습니다. 택배기사들과 배달 라이더들과 대리기사들을 만나 취재를 하는 게 더 편하고 익숙한 방식이었겠지만, 이번에는 제가 직접 당사자가 되고 싶었습니다. 관찰자가 아닌 당사자가 됐을 때 보이는 것은 다를 것이라 생각했습니다. 막상 일을 시작하자마자 아주 큰 변화가 닥쳤습니다. 코로나19입니다. 음식 배달과 택배가 폭증했습니다. 라이더 부족 현상이 일어났고, 택배기사들이 과로로 쓰러져 갔습니다. 우리 사회는 또 다시 목숨이라는 대가를 치르고서야 문제를 들여다보고 있습니다. 그러는 사이 모임이 줄고 비대면을 강조하면서 대리기사는 수입이 반토막이 되어 버렸습니다.

음식 배달과 택배, 대리기사를 '특수고용노동자'라고도 하고 '플랫폼 노동'이라고도 하고 또 '주문형 노동'이라고도 합니다. 모두 스마트폰의 등장이라는 기술 변화에 의해 생겨난 직업들입니다. 기술은 끊임없이 변화하고 있고, 직업의 형태 역시 계속

변화할 것입니다. 그런데 막상 현장에서 보니 기술의
발전은 황새인데, 제도는 뱁새였습니다.

2003년 화물연대 소속 화물트럭 기사들의 파업을 취재한
적이 있습니다. 부산에서 만난 한 트럭 기사와 25톤
트럭을 타고 서울까지 올라오면서 이런저런 이야기를
나누었습니다. 신탄진휴게소에서 우동 한 그릇을 먹으며
그는 제게 이런 말을 했습니다.

"아이엠에프 때 회사에서 잘리고, 군대 있을 때 1종
대형 면허 따둔 게 있어서 먹고살려고 퇴직금에 대출까지
보태서 중고 화물차를 인수했어요. 2000년부터 경기가
살아나면서 벌이가 나쁘지는 않았지요. 그런데 기름값도
오르고 톨비도 오르고 밥값도 오르고 다 오르는데,
운임은 제자리인 거예요. 이게 원청에 하청에 재하청에
재재하청까지 내려오면서 화주가 운임을 올려도 화물차
기사한테 오는 그 사이에 30% 이상 줄줄이 새는 겁니다.
억울하잖아요. 그런데 중간에 물류 하는 업자들은 짝짜꿍
단합이 잘 돼서 중개 요율을 마음대로 정해요. 반면, 우리
같은 화물차 모는 사람들은 모여서 고스톱이나 칠 줄
알았지 단결이 안 됐거든요. 그러니 어디 가서 목소리도
못 내고, 불만을 얘기하면 또 화물 배정을 못 받으니까, 찍
소리도 못했지.

그런데 미국은 노조 중에 제일 센 노조가 트럭

노조라고 하더라고요. 그래서 우리도 목소리 좀 내보자고
화물연대를 만든 겁니다. 기자 양반도 화물연대가 생겨
차에 화물연대 스티커 붙이고 모여서 줄 맞춰 구호도
외치니까 내 얘기를 듣고 있지, 안 그러면 우리 같은
사람에게 관심이나 있었겠어요? 그래도 모여서 집회도
하고 보도자료도 낼 수 있는 사람들은 힘 있는 사람들
아니겠습니까? 오늘 우동 값은 내가 낼 테니 앞으로 기자
생활하면서 보도자료 한 장 내지 못하는 사람들 목소리도
들어봤으면 좋겠네요."

지난 200여 일 동안 제가 현장에서 일하며 보고, 듣고,
느끼고 생각한 것들을 기록했습니다. 지금도 여전히
저는 현장에 있습니다. 부디 이 책이 오늘도 길 위에서
고군분투 하고 있는 플랫폼 노동자들의 보도자료가
됐으면 좋겠다는 바람을 보태봅니다.

2020년 11월
김하영

추천사

플랫폼 노동이란 표현은 얼핏 세련된 느낌을 자아낸다. 이를 대표하는 기업인 쿠팡, 배달의민족, 카카오는 데이터 혁신을 통해 시장에 혁명을 일으켰다고 소개된다. 저자는 온통 긍정적인 단어로만 포장된 그 속으로 뛰어들어 '사람'이 어떻게 다뤄지는지를 정교하게 관찰한다. 고소득이 가능하다는 허상을 꼬집으면서도, 현대인들이 이 불안한 노동에 왜 매력을 느끼는지를 시대적 배경과 함께 균형감 있게 짚어 낸다. 게다가 가이드 역할까지 훌륭하게 해내기에, 누구든지 이 책을 읽고 현장에 뛰어든다면 당황하지 않고 초보딱지를 뗄 수 있을 것이다.

      — 오찬호 (사회학자, 작가.《세상이 좋아지지 않았다고 말한 적 없다》의 저자)

내가 기억하기로 저자는 그림 그리기를 좋아했다. 그의 그림은 조용했고 사물들은 각기 제자리가 있는 것 같았다. 그는 그림을 그리는 사람의 눈으로 코로나 이후 우리 노동현실에 쑥 들어온 플랫폼 노동과 대리기사 일을 주의깊게 관찰했다. 이 책을 한 장의 그림으로 본다면, 그림은 기이한 조용함을 보여준다. 거의 대화를 할 수도, 인간적 유대를 나누기도 힘든 사람들의 침묵이 자욱하게 깔려 있다. 가끔 상품들 사이를 뛰어다니는 그들의 숨가쁜 호흡이 느껴진다. 일하는 인간들은 제자리를 찾기 힘든 채 뛰고 또 뛴다. 시간은 곧 돈이다.

    우리 시대 갓 태동한 노동 현실에 대한 발 빠른 보고서인 이 책은 특수 노동자들은 특수한 차별을 받고, 특수하게 파편화된다는 것을 보여준다. 일하는 사람들이 자존감을 잃지 않고 건강과 행복을 누리는 사회에 살 수 있길 바라는 마음으로, 배달을 시키는 사람들, 배달 일을 직업으로 삼으려는 사람들, 배달 일을 알바 삼아 하려는 사람들, 모두에게 이 책을 추천한다.

      — 정혜윤 (CBS 라디오 PD, 작가.《삶을 바꾸는 책읽기》의 저자)

차례

2장 배달 ON 배달 OFF, 배달의민족

1장

택배 전성시대의
하루, 쿠팡

1. 나의 첫 번째 플랫폼 노동: 쿠팡 피커맨

쿠팡 물류센터에 일용직 근로자로 처음 출근한 건 2020년 2월 초의 일이었다. 종종 동네 친한 형과 술을 마시며 수다를 떨곤 하는데, 어느 날 "쿠팡에 가서 일해보지 않을래?"라고 제안을 받았다. 주말 이틀 동안 하루에 8시간씩 일하면 한 달에 70~80만 원은 벌 수 있다는 것이다. 솔깃했다.

쿠팡 물류센터는 집에서 직선거리 4킬로미터 정도로 가까운 곳에 있다. 오다가다 건물이 지어지는 과정을 봐왔다. 20층짜리 아파트 높이의 육중한 콘크리트 건물이어서 쉽게 눈에 띈다. 과장을 보태면 핵전쟁이 나서 도시가 사라져도 여전히 우뚝 서 있을 것처럼 보일 정도다. 근처 주민들이 반대 현수막을 내걸기도 했다. 물류센터가 생기면 대형 화물차들이 자주 드나들기 때문에 동네 사람들 입장에서는 달갑지 않은 시설이다. 그런데 거기에 '일자리'가 생기고 있었던 것이다.

쿠팡 일용직 채용 블로그의 안내대로 지원을 했다. '쿠펀치'라는 쿠팡의 일용직 근태 관리 어플리케이션을 스마트폰에 깔고 채용 담당자에게 문자 메시지 한 통만 보내면 되는 간단한 절차였다.

"김하영 / 7607** / 2월 X일 / OO / 블로그 보고 지원합니다."

이름, 생년월일, 일하고 싶은 날짜, 셔틀버스 노선, 지원 경로,

'도대체 뭘 짓는거야' 싶었던 거대하고 육중한 건물은
물류센터 였다. 일부 주민들은 건설을 반대했다.
큰 트럭들이 동네에 다니는 게 싫으니까.
그러나 공룡같은 건물은 완공 됐고 쿠팡 풀필먼트 서비스가
입주했다. 얼마 전에는 '코로나'로 홍역.
누군가에게는 '혐오시설', 누군가에게는 '일자리'

20톤 넘는 트럭, 45인승 셔틀버스가
내부를 오르락 내리락 하는
튼튼한 건물

물류센터 내부는 한 층이 아파트 3개 높이
물류센터는 7층인데 20층 아파트 높이.
한 층이라고 계단으로 다니면 힘듦.

coupang

기존 쿠팡 계약직 채용 경력 등만 적으면 됐다. 오전 8시에 일찌감치 문자 메시지를 보내고 결과를 기다렸다. 답신은 오후 3시가 넘어서 도착했다.

"죄송합니다. 내일 주간조 모든 공정이 마감되었습니다."

이튿날, 날짜만 바꿔 다시 오전 8시에 지원 문자 메시지를 보냈다. 그날 오후에도 '공정 마감'이라는 답신이 왔다. 그 다음날 다시 지원을 했지만 연 사흘 낙방! 도대체 나는 왜 계속 떨어지는 것인지, 어떤 기준으로 일용직을 선발하는지 알 수가 없었다. 이유를 알 수 없으니 나중에는 내 이름 석 자를 의심하기 시작했다. 물류센터에서 물건을 나르는 일이니 육체적 힘이 필요한 일이고, 그래서 남성이 채용 우선순위인 것일까, 내 이름만 보고 여자인 줄 알고 떨어뜨리는 것일까, 그런 의심이 들었다.

　내 이름은 할아버지께서 지으셨다. 성인 김金과 돌림자인 영永을 빼면 지을 건 가운데 한 글자밖에 없다. 내 이름 가운데 자는 '여름 하夏'자로, 여름처럼 만물이 융성하는 왕성한 기운을 받으라는 의미다. 하지만 이 이름 때문에 어릴 때부터 놀림을 받기도 했고, 여자로 오해를 받은 적도 많다(이름 마지막에 '영'자가 들어가면 어떻게 지어도 여자이름처럼 보인다). 대학교 1학년 때 낭만에 빠진(?) 대학생이 으레 한 번 그러하듯이 학사경고를 받았고, 방학에 지도교수에게서 전화가 왔다.

　"김하영 학생?"

　"네에~."

"어, 남자였네."

기자로 근무할 때도 종종 이런 일들이 있었다. 사회부 시절, 군대 부조리에 관한 기사라도 쓰면 이름만 보고 나를 여자일 것이라고 멋대로 단정 지은 예의 없는 독자들이 댓글이나 이메일로 "네가 군대를 안 가봐서 모르나 본데…"라며 항의를 하기도 했다. 개중에는 직접 전화로 항의를 하려고 했던 사람들이 내가 낮고 굵은 목소리로 "네, 김하영입니다"라고 전화를 받으면 당황해서 할 말을 제대로 못하고 전화를 끊기도 했다. 한 후배 기자는 "기사 올릴 때 이름 옆에 사진도 함께 올려"라며 낄낄대기도 했다. 내가 이름 때문에 쿠팡 일용직에 계속 탈락하는 것 아닌가 싶다고 아내에게 슬쩍 이야기했더니, 아내도 "지원할 때 사진도 같이 보내봐"라고 키득거렸다.

아무튼 오기가 생겼다. 재수, 삼수를 거쳐 네 번째 지원을 했을 때 "출근 확정 문자. 출근 약속 꼭 지켜주세요!"라는 답신이 왔다. 오~예!

미리 밝혀두건대 물류센터라고 남성을 우선 채용하는 것 같지는 않았다. 일단 내가 다니던 쿠팡 물류센터의 경우 일하는 분들 중 여성이 훨씬 더 많을뿐더러, 나보다 나이가 많은 여성분들도 생 초짜인 나보다 무거운 것도 잘 들고 일도 훨씬 더 잘하셨다. 일은 힘으로 하는 게 아니라 요령으로 하는 것이다.

막상 출근을 하려니 기분이 싱숭생숭했다. 무엇이든 처음 하는 일은 설렘 반, 두려움 반이다.

내가 지원한 근무조는 주간조(오전 8시~오후 5시)였다. 새벽 5시부터 일어나 부산을 떨며 출근을 했다. 쿠팡 물류센터는 셔틀버스를 운행한다. 내가 일한 고양 물류센터의 셔틀버스 노선은 고양 지역뿐만 아니라 서울 노원·양천·은평, 인천 부평, 경기 부천·파주·김포 등 꽤 먼 지역까지 광범위하게 퍼져 있다. 내가 사는 곳에서 물류센터는 버스 정류장 세 정거장 정도로 가깝지만 셔틀버스를 이용하기로 했다. 셔틀버스도 스마트폰에 셔틀버스 어플리케이션을 깔아서 탑승 신청을 하고, 탑승할 때는 탑승 확인을 해야 한다.

물류센터에 도착하면 공정별로 담당 직원이 있고, '쿠펀치'로 일일 근로계약서를 작성하고 출근 확인을 한다. 근로계약서는 스마트폰에 서명하면 스마트폰의 사진 어플리케이션에 자동으로 저장된다. 한마디로 스마트폰이 없으면 쿠팡 물류센터에 출근할 수 없는 것 같다.

내가 지원한 공정은 OB였다. 쿠팡 물류센터 일용직은 크게 'IB, OB, HUB'의 세 공정으로 나눠 뽑는다. IB는 '입고'다. 상품들을 물류센터에 배치하는 업무다. OB는 '출고'다. 출고 업무는 크게 두 가지로 나뉜다. 상품 주문이 들어오면 배치된 상품들을 찾아 카트에 담은 뒤 포장대에 갖다주는 '피커picker'와 포장을 한 뒤 송장을 붙여 컨베이어벨트에 올리는 '패커packer'이다. HUB는 대형 화물차에 실려 온 상품들을 내리거나 배달 나갈 상품들을 분류해 화물차에 싣는 업무다.

IB와 OB 공정은 2020년 기준 시간당 8,590원, 즉 최저임금이고, HUB 공정은 힘들어서인지 최저임금보다 조금 더 많은 9,070원을 받는다. "둘에 하나는 일하다 도망간다", "일주일 일하면 몸 축나 한 달을 누워 있어야 한다" 등등 '상하차'에 대한 악명이 자자하여 나는 OB로 지원했다.

쿠팡의 시스템은 G마켓, 네이버쇼핑, 11번가 등 다른 인터넷 쇼핑몰들과 다르다. 일반적인 인터넷 쇼핑몰들은 플랫폼 사업자가 주문·결제 시스템만 제공한다. 소비자가 상품을 골라 주문하고 결제를 마치면, 배송은 해당 상품을 파는 사업자가 직접 하는 방식이다. 반면 쿠팡은 갖가지 상품을 직접 사서 자기 물류센터에 쌓아놓고 있다가 주문이 들어오면 즉시 '쿠팡맨'('맨'이 성차별적 용어이기 때문일까? 2020년 8월에 이름을 '쿠팡친구'로 바꿨고, 배송사원 모집 광고에 여성 모델도 등장했다)을 통해 '로켓배송'하는 시스템이다. 쿠팡이 상품 매입부터 주문, 결제, 배송까지 모든 과정을 통제하기 때문에 빠르게 배송을 할 수 있다. 이것이 쿠팡의 가장 큰 장점이다. 미국의 아마존이 이런 식으로 미국의 유통시장을 휘어잡았다. 아마존은 이 시스템 이름을 '풀필먼트fulfillment'라 지었는데, 쿠팡은 아마존 시스템을 이름까지 그대로 들여왔다.

첫 출근을 한 날, 7시 40분이 되자 대기실에 모여 있던 사람들이 우르르 작업장으로 떠났고, 나 같은 첫 출근자들 5명이 모여 앉아 신입 교육을 받았다. 산업안전에 관한 교육이었다. 젊은 직원은 실제 사례 사진들을 보여주면서 안전사고 유형을 설명했다. 무거운 짐이 쉴 새 없이 오가는 공간이라 카트나 지게차에 치이거나 물건이 쏟아져 다치는 사례가 대부분이었다. 안전교육은 30분 만에 끝났고 교육이 끝난 뒤에는 현장으로 이동했다.

현장에서는 또 다른 젊은 직원이(내가 일하던 물류센터의 현장 관리 직원들은 대부분 젊다) OB 업무, 그중에서도 상품 집품picking 업무를 가르쳐줬다. 현장에 투입되면 두꺼운 플라스틱 케이스로 씌워진 투박한 PDA를 한 대씩 지급 받는다.

PDA는 한 손에 쥘 수 있는 크기지만 일반 스마트폰보다 더 크고 두껍다. 그리고 바코드를 읽을 수 있는 스캐너 기능이 있다. PDA 옆에 있는 버튼을 누르면 '삑' 하고 바코드를 읽는다. PDA 화면에 내가 집어와야 할 상품이 뜨면 해당 위치에 가서 바코드를 스캔한 뒤 상품을 꺼내 카트에 실어 포장대에 갖다준다. 한 마디로 PDA가 시키는 대로 일을 하면 된다. 매우 단순한 작업이다. 업무교육 역시 30분 만에 끝났다. 끝낼 무렵 교육을 하던 직원이 한 마디 덧붙였다.

"화면 아래 보시면 숫자가 표시될 겁니다. UPHunit per hour 라고 시간당 집품 개수가 카운트 됩니다. 잘하는 분은 이게 140까지 나옵니다. 보통 90은 넘어야 돼요. 그 밑으로 나오면 아마 다음 근무 지원 때 불이익이 생길 수 있으니까 신경 써주세요."

관리자는 하얀 목장갑 한 벌을 건네주면서 칼로 오른손 검지 끝부분 한 마디를 잘라줬다. PDA를 터치하기 위해서다. 나는 한 손에는 PDA를 쥐고 한 손에는 카트를 끌고 광활한 물건들의 숲으로 발걸음을 내디뎠다.

2. PDA 로그인, 로그아웃

스캐너의 '자동배치할당' 버튼을 누르면 내가 집어와야 할 상품 목록이 주르륵 뜬다. 보통 한 번에 20~30가지 종류의 상품을 집어와야 한다. 상품들은 가로 1.2미터, 세로 1미터 사이즈의 팔레트 위에 어른 키 높이로 쌓여 있다. 상품에는 모두 위치 번호가 부여돼 있다.

예를 들어 PDA에 'A-131 진라면 2개'라고 뜨면 카트를 끌고 A-131을 찾아가 위치 바코드를 스캔한다. 그런 다음에 라면 박스에 인쇄된 상품 바코드를 스캔해 카트에 라면 박스를 담으면 된다. 2개를 다 담으면 다음 위치가 뜬다. A-135, A-147···. 마치 게임에서 퀘스트를 수행하는 것 같기도 하다. 진라면 두 박스 해결 뒤 두루마리 휴지 세 개, 다음에는 레쓰비 세 박스, 이런 식으로 하나씩 클리어. 정확하게 임무를 수행할 경우 PDA는 '삑', '삑' 경쾌한 소리를 내는데, 잘못된 위치 바코드나 다른 상품 바코드를 스캔하면 PDA가 '빼액', '빼액' 둔탁한 소리를 지른다. 할당받은 물량을 다 채우면 PDA가 상품들을 어디로 이동시키라는 지시를 한다. 보통은 포장대로 보낸다. 이러면 한 퀘스트가 끝난다.

이렇게 한 번의 집품이 완료되면 다시 '자동배치할당'을 받아서 다음 물건을 찾으러 나선다. PDA 너머 어딘가 중앙 서버에 숨어 있을 인공지능Artificial Intelligence, AI이 최적의 동선을 짜준다. 나는 물건들이 어디에 있는지 미리 알아둘 필요가 없다. 물류센터 한 섹터의 크기는 어림잡아 축구장만 한데, A, B,

C 구역이 어디인지 정도만 파악하고 있으면 그저 PDA가 지시하는 대로 움직이면 된다. 생각이란 걸 할 필요가 없다.

다만 아직 인공지능이 완벽한 것은 아니어서 내가 스스로 '생각'을 해서 판단해야 할 때도 있다. 때로는 '진라면 30박스'와 같은 주문이 나오기도 한다. 라면처럼 부피가 큰 상품의 경우 15박스 정도면 카트가 꽉 차기 때문에 나머지 물품을 피킹하기 전에 포장대에 먼저 갖다주고 다시 할당을 받아 움직여야 한다. 또 물과 같은 액체류는 무게가 많이 나간다. 카트에 너무 많이 실으면 나르기 어려울 뿐 아니라 카트가 망가질 가능성이 커진다.

관리직 사원들은 망가진 카트 고치는 게 일상인 듯 "무거우면 나눠서 하라"고 신신당부했다. 물건을 쌓는 요령도 아직은 인공지능이 가르쳐줄 수 없다. 쿠팡에서 취급하는 상품은 실로 다양하다. 2리터짜리 생수 6개 세트, 10킬로그램 쌀 한 포대, 빨래를 담는 라탄 바구니, 24개들이 포카리스웨트 한 박스, 6개들이 키친타올, 대용량 간장통이나 액체 세제 등등 상품들의 모양과 무게, 부피 등이 모두 제각각이다. 박스로 포장된 상품들은 각만 잘 맞춰서 쌓으면 문제없지만, 쌀 포대나 개 사료와 같이 형태가 복잡한 상품들이 섞이면 조금은 특별한 테트리스 기술이 요구된다.

보통은 무거운 상품을 아래 깔고, 가벼운 상품을 위에 올려야 안정적인 테트리스가 가능한데, 인공지능은 아직 움직이는 동선만 짤 줄 알았지 상품 무게에 따른 적재 순서까지 고려한 동선 파악은 못하는 것 같다. 어떨 때는 앞서 쌓은 상품을 다 내리고 무거운 상품을 아래에 깐 뒤 다시 쌓아야 할 때도 있었다.

　문제는 이렇게 '생각'하는 시간이 길어지면 UPH, 즉 시간당 집품 수가 떨어진다는 점이다. 네모난 박스로 척척 물건을 쌓아 빠르게 나르면 시간당 140개도 거뜬한데, 이렇게 테트리스 능력이 필요한 난코스를 만나면 UPH가 뚝뚝 떨어져서 70 밑으로 갈 때도 있다.

일을 시작했으니 일 욕심이 났다. 일을 처음 시작한 때가 2월. 두꺼운 옷을 입고 다닐 때다. 작업장으로 가기 전 관리자에게 물어봤다.

　"안에 난방이 되나요? 패딩을 입고 가야 할까요?"

　"특별히 난방이 되는 건 아닌데, 패딩은 사물함에 두고 가셔도 될 것 같습니다."

　온종일 UPH 140을 향해 뛰다시피 돌아다니고 나면 속옷까지 땀으로 축축해졌다. 하도 땀을 흘려 화장실에 갈 필요도 없었다. 그렇게 정신없이 물건의 숲을 헤집고 다니며 낑낑대고 있는데, 좁은 통로에서 마주친 한 여성 분이 내게 충고하듯 한마디를 던졌다. 50대로 보였고, 카트에 테트리스 해놓은 솜씨를 봐서는 경력이 꽤 되는 분 같았다.

　"박스 상품을 먼저 팔레트 주변에 둘러서 벽처럼 쌓고 중앙 공간은 비워둬요. 나중에 쌀 포대 같은 게 나오면 그 안에 채워넣어요. 그러면 내렸다 다시 쌓을 일이 없어요. 그런데 뭘 그렇게 죽을 똥 살 똥 해요. 쉬엄쉬엄 해요. 그런다고 일당 더 주는 것도 아니고. 괜히 몸만 축나요."

PDA만 쳐다보며 미친 듯이 물건들을 나르고 있던 나는 망치로 머리를 한 대 맞은 것 같았다. 그래. 일 좀 더 한다고 일당을 더 주는 것도 아닌데. '현타(현실자각타임)'가 오자 몸에 피곤이 몰려왔다. 그런데 몸에 힘을 빼고 하니 일이 더 잘 되는 것 같기도 하고.

시간이 흘러 퇴근 시간인 오후 5시가 가까워져 왔다. 한 카트 가득 채워 포장대에 도착하니 PDA에 표시된 시각은 4시 48분이었다. 보통 한 번 할당을 받아 나르는 데 15~20분 정도가 걸린다. 한 카트 더 나를 시간이 안 될 것 같아 카트를 세워두고 퇴근 시간을 기다리려 했다. 그런데 관리자가 나를 보더니 이렇게 말했다.

"사원님, 4시 52분까지는 계속 집품하셔야 합니다. 할당 받으시고 계속 집품해주세요. 다 못 채워도 되니까 집품하시다가 4시 51분 되면 할당해제 하시고 4시 52분까지 다시 여기로 집합해주세요."

스캐너에서 할당을 받지 않으면 시스템이 일하지 않는 것으로 간주하는 모양이었다. 나는 카트를 끌고 다시 상품들의 숲으로 들어갔다. 상품 네 개를 담기도 전에 "집합해주세요"라는 관리자의 외침이 들려왔다. 다시 포장대로 돌아가니 4시 52분. PDA 로그아웃을 한 뒤 반납하고 퇴근길에 나섰다.

출근 때 갔던 대기소에서 스마트폰의 어플리케이션으로 퇴근 체크를 하고 아침에 타고 왔던 셔틀버스에 올랐다. 평소 쓰지 않던 근육을 써서 온몸이 욱신거렸지만, 하루 일과를 끝

냈다는 안도감에 마음이 한껏 나른해졌다. '로그아웃.' PDA에서 로그아웃하는 순간 일에서도 로그아웃이었다. 기자 시절에는 퇴근 후에도 언제나 일의 잔상이 머릿속에 남아 있었는데…. 퇴근하자마자 머릿속이 리셋되는 묘한 기분을 느꼈다. 퇴근길에 아내와 함께 동네 마트에 장을 보러 갔다. 종일 카트에 물건을 담다가 다시 카트를 밀었다. 낮에는 남의 물건을 담았지만, 저녁에는 내 물건을 담았다. 또 다시 묘한 기분.

일을 하면서 내내 '이 일도 사람이 하는 날이 많이 남지 않았다'는 생각이 들었다. '생각'이라는 것은 이미 인공지능이 다 하고 있고, 사람은 그저 인공지능의 팔다리를 대신한다. 물론 이미 로봇 팔다리가 나와 있다. 다만 로봇의 팔다리가 인간의 팔다리보다 비쌀 뿐.

상자의 숲

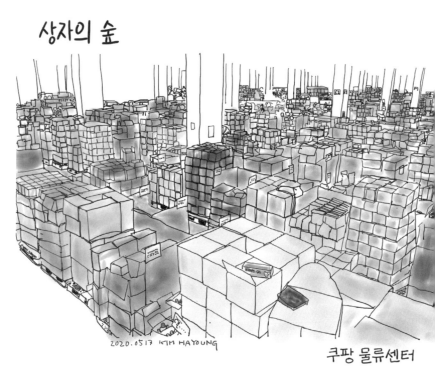

2020.0517 KIM HAYOUNG

쿠팡 물류센터

3. 사람이 없는 공장

아마존의 제프 베조스 회장이 2018년 4월 독일의 미디어그룹인 '악셀 스프링거'에서 주는 기업혁신 관련 상을 받기 위해 베를린에 방문했을 때였다. 유럽 지역의 아마존 노동자들이 시위를 벌였다. 아마존이 불법적으로 노동자들을 감시하고 있으며 형편없는 근로조건을 제시하고 있다는 이유였다. 쿠팡이 들여온 모델의 원조이니만큼 아마존도 시스템에 의해 노동자들의 물량 처리 속도와 양을 체크하고 있다.

50분 근무, 10분 휴식과 같은 룰이 없이 그저 하루 종일 시스템이 요구하는 업무를 처리해야 한다. UPH가 떨어지는 사람들은 다시 일을 나올 수 없다. 그래서 화장실 갈 틈이 없어 페트병에 볼 일을 보는 일도 흔하다고. 그렇다고 임금이 높은 것도 아니다. 하지만 베조스 회장은 노동자들의 시위에 다음과 같이 응답했다.

"저는 아마존의 근무환경과 임금수준에 대해 매우 자랑스럽게 생각합니다. 회사와 근로자를 중재할 노조가 필요하다고도 생각하지 않습니다."[1]

여기저기서 비난이 쏟아졌다. 아마존의 시장점유율이 계속 높아지고 사회적 관심이 쏠리자 베조스 회장도 임금을 다소나마 올리는 등 '눈치'는 보고 있다. 그해 10월 아마존은 임금을 시간당 15달러로 올렸다. 기존 임금은 11~13.5달러(미국은 주마다 최저임금에 차이가 있다)였다.

그러나 베조스 회장이 더 많은 돈을 쓰고 있는 곳은 '로봇'

이다. 이미 2012년에 7억 7,500만 달러(약 9,300억 원)를 들여 로봇 회사 키바(Kiva. 현재 Amazon Robotics)를 인수해 물류 완전 자동화를 추진 중이다.[2] 아직 완전 자동화에는 이르지 못했지만, 계속 발전 중이다. 쿠팡에서는 사람이 카트를 끌고 가서 카트에 상품을 담아오는 시스템인데, 아마존에서는 로봇이 선반을 통째로 들어 작업대까지 끌고온다. 사람은 로봇이 통째로 들고온 선반에서 주문받은 상품을 꺼내 분류만 하면 된다.

기술적으로는 이미 더 높은 단계까지 나아갔다. SSG의 '네오Neo'라는 이름의 물류센터는 자동화 수준이 꽤 높다. 쿠팡처럼 사람이 물건을 찾아 실어오지 않고 기계가 직접 찾아 셔틀과 트레인을 통해 작업자에게 갖다주는 시스템이다.

쿠팡의 부천 물류센터의 작업자가 1,000~1,500명인데, SSG 네오 물류센터에는 작업자가 250~300명으로 4분의 1 수준이다. 다만 완전 자동화 시스템의 보급이 느린 것은 아직 기계가 인간보다 비싸기 때문이다. 완전 자동화 시스템을 갖추려면 물류센터를 직접 짓고 설비를 풀세트로 갖춰야 한다. 네오 하나를 짓는 데 1,500억 원이 든다고 한다.[3] SSG닷컴도 네오를 이제까지 세 개밖에 짓지 못했다.

아직 사람이 기계보다 나은 점도 있다. 기계화·자동화가 완성되려면 상품 포장의 표준화가 이뤄져야 한다. 모든 상품이 종이박스 형태이면 박스 크기와 무게 표준화로 완전 자동화가 가능하겠지만, 우리가 구입하는 물건들의 모양과 포장은 각양각색에 천차만별이다. 이렇게 다양한 형태의 상품에 대응하는 데는 아직 사람이 뛰어나다. 그래서 기계가 하는 네오는 다루는 상품 종류가 5만 5,000종 정도이고, 사람이 찾아 실어 나르는 쿠팡은 600만 종이 넘는다(쿠팡 물류센터에서 일해보면 정말 별의별 걸 다 판다는 걸 알 수 있다).

하지만 결국 기술은 인간을 기어이 물류센터에서 쫓아내고 말 것이다. 알리바바 다음으로 큰 중국의 온라인 쇼핑몰인 징둥닷컴의 물류센터 영상을 보면 사람이 한 명도 나오지 않는다.[4] '최첨단'을 강조하기 위해 일부러 사람이 나오지 않도록 찍었는지 모르겠지만, 박스 접는 것까지 전부 로봇이 하고 있었다. 마지막 장면에 사람이 나오기는 한다. 상품을 배달하는 트럭 기사가 이 영상에 등장하는 유일한 인간이다(물론 자율주행 자동차가 나오면 이들도 사라질 것이다). 로봇은 셔틀버스로 실어 나를 필요도 없고, 구내식당을 만들어 점심을 제공하지 않아도 된다. 또 야간이라고 시급을 1.5배 쳐주지 않아도 되고, 주휴수당과 월차를 주지 않아도 된다. 물론 임금도 주지 않는다. 로봇은 어떠한 경우에도 투덜대지 않는다. 어떤 사업주가 로봇을 거부하겠는가.

예전에 한 TV 광고를 보고 섬뜩했던 적이 있다. 한 가족이 모 생수 공장을 방문했다. 신기한 듯 공장 안을 구경하는 아이에게 엄마가 말한다.

"우와! 이렇게 큰 공장에 사람이 없네."[5]

4. 사람들은 어떻게 쿠팡을 쓰는가

쿠팡 물류센터는 SSG 네오보다 4배나 많은 사람이 근무하지만 사람과 마주치거나 대화할 일이 많지 않다. 출근하면 채용 담당자와 마주치고 작업장에 들어가 그날 일할 업무를 배정받는다. 업무 배정 후에 관리자와 함께 체조를 하고 유의사항을 전달받고 나면 이제 대화 상대는 오로지 PDA 뿐이다.

그러다 보니 자연스럽게 '물건'들에 관심을 가질 수밖에 없다. 어떤 날이든 그날 유독 많이 팔리는 상품이 있다. 진라면 박스만 수백 박스를 나르는 날도 있고, 옥수수수염차 수백 세트를 나르는 날도 있다. 카트 한 가득 쌓아 포장대에 갖다주면 포장 사원들이 "오늘은 진라면 세일 하나 봐", "오늘은 옥수수수염차 이벤트가 있나 보지"라고 한 마디씩 보탠다. 그 외에도 온갖 생필품이 다 팔리기 때문에 '사람들이 이런 걸 사서 쓰는구나'라는 걸 알아가는 재미가 있다.

한 번은 무알코올 맥주 주문이 밀려들었다. 일하는 사람들에게는 액체류가 기피상품이다. 무거우니까. 2리터 생수 6개들이 한 묶음이면 12킬로그램이다. 500밀리미터 음료수 24개들이 한 박스 역시 12킬로그램이다. 스쿼트를 배운 덕에 허리에 무리가 가지 않게 무거운 물건 드는 법을 익혔지만 힘든 건 힘든 거다. 그러니 무알코올 맥주 박스가 달가울 리 없다. 또한 나름 '주당'의 자부심을 갖고 있는 나로서는 누가 이렇게 맛없는 맥주를 먹는지 도통 이해할 수 없었다.

의문은 그날 오후 풀렸다. 무알코올 맥주에 대해 투덜거렸더니 아내가 "임산부와 수유 중인 육아맘들에게 무알코올 맥주는 필수템이야"라고 알려줬다. 그리고 보니 기저귀 등 육아용품 주문이 유독 많기는 하다. 어디선가 '쿠팡 입문의 경로가 출산과 육아'라는 이야기를 들은 것도 같다.

쿠팡 어플리케이션에서는 전자제품 등 고가의 제품도 팔리지만 이런 고가의 제품은 대부분 판매자가 직접 판매하는 상품들이다. 쿠팡은 수수료를 받고 중개할 뿐이다. 쿠팡이 직접 매입해서 로켓배송으로 판매하는 풀필먼트 판매 품목 대부분은 생필품이다. 라면, 생수, 음료수, 휴지 등등 익숙히 알고 있어서 굳이 마트나 오프라인 매장에 가서 직접 보거나 만져보고 비교해서 따질 필요가 없는 품목들이다. 어떤 물건인지 아니까 가격이 싸고 무료 배송에 하루 만에 배송을 해준다면 쿠팡에서 사도 아무 문제가 없는 상품들이다.

지금까지 내가 살면서 한 번도 써보지 못했던 상품들을 보고 신기해하기도 한다. 한 번은 PDA에 'B-178 여아용 기저귀 50매'라고 떴다. 카트를 끌고 B-178 구역에 갔는데 아무리 봐도 그 자리에 기저귀가 없다. 그래서 당황한 채로 B-178 구역에 쌓인 상품을 살펴봤더니 강아지 기저귀였다. 개도 수컷과 암컷이 있으니 기저귀의 모양이 다르다는 것을 처음 알았다. 그렇지만 '수컷', '암컷'도 아니고 '여아'라고 해야 할 필요가 있을까? 그러고 보면 반려동물 용품도 많이 나간다. 그나마 개 사료, 개 배변 패드, 고양이 장난감, 고양이 스크래치 박스 같은 것은 가벼워서 괜찮다. 그런데 고양이 화장실 모래는 단위 부피당 무게가 엄청나다. 물보다 무거운 것 같다.

　종일 강아지 배변 패드, 고양이 화장실 모래 같은 반려동물 용품과 씨름하다 보면 내가 시급 8,590원에 개와 고양이를 위해 최선을 다하고 있다는 생각에 심통이 나기도 한다. 그러다 노인용 기저귀나 요실금 패드를 만나면 마음이 숙연해진다.

온종일 물건들과 대화를 하다가 종종 사람과 대화할 일이 생긴다. 주로 초보자들이 이것저것 물어올 때다. 첫 출근을 하는 날 산업안전 교육과 기초 직무 교육을 하지만, 난생 처음 해보는 이들에게는 부족할 정도로 직무 교육이 빈약하다(적어도 나에게는 그랬다). 그래서 일을 하다가 모르는 일이 있으면 '선배'로 보이는 사람들에게 와서 물어본다. 하루는 젊은 남성이 내게 와서 수동 자키의 사용법을 물어봤다.

　"여기 레버를 당기고요, 아래로 푸시 푸시 푸시 서너 번 하면 들어올려져요."

　사용법을 알려주다가 대화를 텄다.

　"일해보니 어때요?"

　"이야기 들은 것보다 힘드네요."

　"어떻게 알고 왔어요?"(쿠팡 풀필먼트는 배민 커넥트처럼 요란하게 광고를 하지 않는다.)

　"먼저 해본 친구가 소개해줬어요. 원래 허브가 일당이 더 많아서 허브를 하려고 했는데, 자리가 잘 안 나서 OB로 넣었더니 출근 확정돼서 나왔어요."

　"아이고. 나도 안 해보던 일을 해서 그런지 힘들어 죽겠어요. 또 나올 거예요?"

"네. 그럴 것 같아요."

"다른 일은 안 해봤어요?"

"알바 많이 했죠. 여기 오기 전에는 편의점 나갔어요."

"편의점 일은 좀 어때요?"

"이거보다 몸은 편해요. 그냥 있다가 손님 오면 계산만 하면 되고. 물건 비는 거 있으면 채워주면 되고. 청소하고 쓰레기통 비워주는 정도니까요."

"그럼 편의점 하지 왜 쿠팡에 나왔어요?"

"편하긴 한데 일이 좀 구질구질해요. 야간에 하면 술 취한 사람들도 많이 오고. 눈치보며 화장실 다녀와야 하고, 화장실 다녀왔다고 욕먹고. 청소하는 것도 눈치껏 알아서 해야 되고. 다음 타임 근무자가 늦게 오거나 펑크 나면 꼼짝없이 묶이고. 그러다가 사장님하고 주휴수당 문제 때문에 싸우고 노동청에 신고하려다가 그냥 내가 그만뒀어요. 그런데 친구 말이 쿠팡 일은 사람 스트레스가 없어서 몸은 힘들어도 마음은 편하다고 하더라고요."

"그렇죠. 하루 종일 일하면서 말을 세 마디도 안 한 것 같아요. 흐흐흐."

사실 쿠팡은 최저임금 일자리 중에는 좋은 편이라고 볼 수도 있다. 셔틀버스를 태워주고 식사도 제공하며 젊은 친구의 말처럼 관리자가 일일이 감독하며 잔소리 하지도 않는다(마감 시간에 몰리면 관리자들이 여기저기 뛰어다니며 물량 처리를 독촉하기는 한다). 무엇보다 임금이나 4대 보험 처리가 정확하다. 일용직도 매일 근로계약서를 작성하고 주 15시간 이상 일하면 주휴수당을 따로 계산해 지급하고, 월 60시간 이상 일하면 4대 보험도 가입시켜 보험료를 내준다. 당연히 지켜야 할 것을 지키는 것뿐인데 우리 사회에서는 이게 특별하다.

5. 최저임금 1만 원의 실체

쿠팡에서 하루 일을 하고 받는 일당은 6만 8,170원(2020년 기준)이다. 시급 8,590원에 8시간을 곱하고 고용보험료 0.8%(550원)를 떼고 준다. 해마다 6~7월에는 다음 해 최저임금이 결정되는 최저임금위원회가 열린다. 사실 내가 직접 최저임금을 받는 노동자가 되기 전에는 최저임금위원회에 별로 관심이 없었다. '남의 일'이라고 생각했기 때문이다. 그러나 2020년에는 '내 일'이 됐다.

2020년 기준 전국에 최저임금 대상 노동자 추정치는 408만 명이다. 임금을 받는 노동자 중 약 20%에 해당하는 숫자다. 최저임금만 받는 노동자의 수는 계속 늘어나고 있다. 2018년 한국노동연구원의 조사에 따르면 당시 최저임금 대상 노동자는 242만 명이었다.[6] 나는 늘어난 166만 명 중의 한 사람이 되었다.

기업들이 매출과 영업이익을 발표할 때 시장의 예상치보다 높으면 '어닝 서프라이즈'라고 하고 예상치보다 낮으면 '어닝 쇼크'라고 한다. 2020년 7월의 최저임금 발표는 408만 최저임금 노동자들에게 서프라이즈였을까, 쇼크였을까?

코로나 사태로 인해 2020년 최저임금은 인상폭이 그리 크지 않을 것으로 예상됐다. 최저임금위원회는 근로자 측 9명, 사용자 측 9명, 정부 측 공익위원 9명, 총 27명이 모여 최저임금을 결정한다. 협상이라는 것이 항상 그렇듯이 일단 높게 부르고 본다. 2020년에도 근로자 측 위원들은 10% 이상 인상률을 요구했고, 사용자 측 위원들은 '마이너스', 즉 삭감을 주장했다.

코로나 사태 이전에도 최저임금 논란이 거셌다. 박근혜 대통령에 대한 탄핵으로 2017년 5월 '장미 대선'이 갑작스럽게 치러졌다. 당시 출사표를 던진 대통령 후보들은 너나 할 것 없이 '최저임금 1만 원'을 공약으로 내세웠다. 당선된 문재인 대통령의 공약도 '2020년까지 최저임금 1만 원'이었다.

대선 판에서 으레 나오는 포퓰리즘이었다고 할 수도 있지만, 경제적 양극화 해소가 시대적 화두였던 건 사실이다. 게다가 뭐든 미국의 유행을 받아들이는 우리나라에서 미국의 최저임금 인상 붐도 영향을 미쳤다(사실 아마존이 임금을 인상한 것도 시애틀, 뉴욕 등 주요 주에서 최저임금을 15달러로 올렸기 때문이다).

그 결과 2017년 최저임금위원회는 16.4% 인상이라는 역대급 인상률을 결정했다. 저지해야 하는 입장인 사용자 측 인사들의 저항도 크지 않았다. 당시 최저임금위원회 위원장은 지레 걱정을 하면서, 큰 저항 없이 퇴장하는 사용자 측 인사들에게 "이게 무슨 의미인 줄 아느냐"고 물었을 정도였다고 한다.

어찌되었건 6,470원이던 최저임금은 7,530원으로 1,000원 넘게 올랐다. 여러 곳에서 불만이 터져 나오기 시작했다. 그러나 '2020년 1만 원' 공약을 지키려면 여전히 갈 길이 멀었다. 2018년 최저임금위원회도 10.9% 인상을 결정해 최저임금은 8,350원이 됐다.

가장 큰 반발은 최저임금에 '알바'를 주로 고용하는 자영업자들 사이에서 터져 나왔다. 결국 2019년 최저임금위원회는 인상률을 2.9%로 대폭 낮추고 말았다. 여당은 최저임금법을 고쳐 식대 등 각종 현금성 복지비용도 임금에 산입하도록 함으로써 실질적인 최저임금 인하 효과를 내도록 했다. 말인 즉, 쿠팡이 셔틀버스 요금 2,000원, 식대 4,000원을 빼고 일당을 지급해도 불법이 아니라는 이야기다. '최저임금 1만 원' 공약은 폐기처분 됐다.

그렇다면 2017년의 최저임금 16.4% 인상이 역대 최고 인상률일까? 1988년 실질적으로 최저임금 제도가 시작된 이후 노태우 정부 때는 매년 10% 이상 인상을 했다. 1989년에는 무려 20%대 인상을 했고, 1991년에도 18.8%를 올렸다. 김영삼 정부 때 6~9.8%로 한 자릿수 인상률을 유지하다가 김대중, 노무현 정부 10년 동안 5번이나 두 자릿수 인상률을 기록했다. 인상률이 2%대를 기록했던 것은 IMF 외환위기 때인 1998년, 글로벌 금융위기 때인 2009년 두 번뿐이다. 따라서 2019년의 2.9% 인상 결정은 두 번의 국가위기 때와 맞먹는 수준이라는 이야기다. 2020년에는 최저임금 인상률이 1.5%로 결정됐다. 코로나 사태 때문이라고는 하지만 역대 최저 인상률이다. 이것저것 물가인상률을 감안하면 사실상 '마이너스'라는 소리도 나온다.

1989년 최저임금은 시급 600원이었다. 2020년 8,590원과 비교하면 14배 올랐다. 그 사이 삼성전자 주가는 1만 7,000원에서 270만 원(액면분할 전 주가 기준)으로 160배 올랐다. 5,000만 원에 분양되던 분당의 아파트 가격은 10억 원으로 20

배가 올랐다. 물론 모든 주식과 아파트가 오른 것은 아니지만 노동의 수익률은 계속 낮아지고 있는 것이 현실이다.

최저임금 인상으로 영세 자영업자들이 받는 고통은 충분히 이해하고도 남는다. 최저임금 인상률만큼 매출과 영업이익률이 높아지지 않는 한계 사업장이 많기 때문이다. "1인 가구가 늘어난다"며 편의점은 장밋빛 전망으로 넘쳐났다. 상가 하나에도 GS25, CU, 세븐일레븐의 3대 편의점이 구석구석 박혀 있고 이마트24 편의점까지 가세하고 있다. 편의점은 포화 상태를 넘어 넘쳐흐르고 있다.

"1인 가구는 편의점을 좋아한다"는 발상도 섣부른 판단이었다. 물류 인프라가 발달하고 배송망이 촘촘해지면서 온라인 쇼핑은 대형마트뿐만 아니라 골목 편의점의 상권까지 위협하고 있다. 편의점 도시락 대신 마켓컬리의 간편 식품을 새벽배송으로 주문해 사 먹고, 웬만한 생필품은 쿠팡에 없는 게 없다. 편의점은 온라인으로 주문할 수 없는 담배와 술만 남았다는 하소연이 나온다.

편의점도 '계절 장사'의 성격을 띠기 시작했다. 한여름 푹푹 찌는 무더위에는 시원한 음료수 매출이 나오지만, 날씨가 추운 겨울에는 매출이 뚝 떨어진다. 여기에 음식점 배달 시장을 휩쓴 배달의민족은 'B마트'라는 걸 만들어 '편의점 배달'에 나섰다. GS25도 배달을 시작했다. 일반 식당과 호프집, 치킨과 같은 대표적인 자영업 업종도 마찬가지다. 불과 20년 전만 해도 치킨 프랜차이즈는 3~5개 회사 정도가 독과점을 하고 있었지만, 지금은 30~50개 회사가 치열한 경쟁을 벌이고 있다.

식당과 호프집의 전망도 밝지 않다. 회사 회식은 '꼰대' 문화로 취급돼 사라지고 있고, 부어라 마셔라 밤새 술을 마시는 문화도 구시대의 유물 정도로 취급되고 있다. 이제는 일상화된 다이어트 열풍으로 굶거나 닭가슴살과 샐러드 정도로 끼니를 때우는 사람들이 늘고 있으며, 한 끼를 먹어도 최고를 먹겠다며 스마트폰으로 '맛집'을 검색해 다니는 시대다. 잘 되는 집은 손님들이 줄을 서지만 안 되는 집은 전기 파리채나 휘두르고 있어야 한다. 전국의 울고 싶은 자영업자들에게 최저임금 인상은 결정적인 '따귀' 한 방이 됐다.

그런데 울고 싶은 건 영세 자영업자뿐만이 아니다. 편의점 사장님들은 모여서 시위라도 하지만, 최저임금 받는 408만 명 노동자들이 모여서 "최저임금 1만 원 공약을 지키라"고 시위를 하는 걸 본 적이 있다. 편의점 알바들이 "교통비와 식대를 보장하라"며 단체행동에 나서는 것을 본 적이 있나.[7] 내가 쿠팡에서 일을 하다 너무 힘들어 "시급 1만 원은 받아야겠다"고 주장하면 받아줄까? 하루마다 새로 계약하는 내게 쿠팡은 그저 "죄송합니다. 공정 모집이 마감됐습니다"라고 문자 한 통 보내면 그만이다. 나는 쿠팡에 얼씬도 할 수 없다.

만약 내가 쿠팡에 계약직으로 취업해 노조를 만들어 동료들을 끌어모으고 파업 등의 단체행동을 해서 사측과 협상을 한다면? 하지만 일을 하면서 세 마디 말을 할 기회조차 없는 작업장에서 동료 간 공감대 형성을 위한 유대 관계를 갖기는 어렵다. 게다가 쿠팡 근로자 중에 '이 일이 나와 내 가족을 먹여 살릴 평생 직업'이라고 생각하는 사람들이 얼마나 있을까. 괜한 수고와 위험을 감수하면서까지 임금 인상 투쟁에 나서지는 않을 것이다.

이들은 그저 매년 여름 열리는 최저임금위원회의 결정을 지켜보고만 있을 뿐이다. 일부 대규모 사업장을 제외하고는 '임단협'이 원천적으로 불가능한 대다수의 최저임금 일자리 종사자들에게 최저임금위원회는 자신을 대신해 임금 협상을 해주는 '임단협 테이블'이다.

6. 누구에겐 꿀맛, 누구에겐 개밥?

쿠팡에서 일을 하면 대규모 사업장에서 누릴 수 있는 소소한 몇 가지 '복지' 혜택을 누릴 수 있다. 첫째, 자판기. 대기실에 있는 자판기의 모든 음료가 300원이다. 콜라도 300원, 오로나민C도 300원, 데자와도 300원. 이거 뽑아 먹는 재미가 쏠쏠하다. 일용직에게는 해당사항이 없지만 명절 때 계약직 사원에게는 '쿠팡머니' 10만 원도 준다고 한다.

별 거 아닌 것 같지만 식사 제공도 장점이다. 주간조는 점심을, 야간조는 저녁을 준다. 첫 출근 때는 부랴부랴 출근하느라 아침을 토스트 한 조각으로 때우고 왔는데, 무거운 짐을 들어 나르다 보니 10시부터 배꼽시계가 요동을 쳤다. 그러다 12시 점심시간이 되자 번개처럼 식당으로 내달렸다.

직장인들의 영원히 풀리지 않는 숙제가 있다. "오늘 점심 뭐 먹지?" 그런 면에서 구내식당을 갖춘 대규모 사업장은 점심 메뉴 고민을 하지 않아도 되는 장점이 있다. 상대적으로 양질의 식단을 저렴하게 먹을 수 있다. 급식 질을 비교하는 학생들처럼 직장인들도 구내식당 질을 비교한다. 쿠팡 구내식당의 식사 질을 따지는 이들도 있다. 쿠팡 물류센터 이곳저곳을 경험한 사람이 물류센터 별 식단 비교를 올린 글을 본 적도 있다. 개인적으로 쿠팡 구내식당은 100점 만점에 일단 70점은 깔고 들어가는 것 같다. '시장이 반찬'이라고 고된 육체노동에 시달리다 보면 뭐든 꿀맛이다.

요즘은 다이어트 한다고 탄수화물을 적대시 하는 세상이

다. 일반 식당에서 널리 쓰이는 주먹만 한 스테인리스 밥공기는 1970년대 등장한 '표준 밥공기'다. 항상 식량이 부족했던 터라 한 끼에 제공되는 밥의 양을 정부에서 정해줬다. 그 전까지만 해도 밥상의 미덕은 '고봉밥'이었다. 반찬을 별로 낼 게 없던 시절에는 푸성귀에 쌀이라도 많이 먹어야 했다. 각종 고기류에 식단이 풍성해지면서 쌀의 소비량은 점점 줄어들었다. 이제 스테인리스 밥공기도 반을 덜어내고 먹는 사람들이 많다. 그런데 쿠팡에서 일하는 나는 어느새 밥을 두 주걱, 세 주걱, 네 주걱을 푸고 있었다. 머리는 "정신 차려!"를 외치고 있지만, 손이 말을 듣지 않는다.

쿠팡에서의 점심시간은 꿀맛이다. 4시간 동안 단 한 순간도 엉덩이 붙일 틈 없이 뛰어다니며 '전신 노동'을 하다 보면 엉덩이 붙일 수 있는 점심시간이 소중하다(짬을 내 대기실 의자에 등을 붙일 수도 있다). 배를 채우는 것은 물론 4시간 동안 떨어져 있던 스마트폰과도 만날 수 있는 시간이다. 쿠팡은 작업장에 들어갈 때 스마트폰, 시계, 지갑 등 일체의 소지품 반입을 금지한다. 현대자동차 공장에서 "와이파이를 끊네 마네" 하고 논란이 된 적이 있는데, 쿠팡은 아예 소지 자체가 불가능하다. 보안상의 이유라는데 그것보다는 한눈팔지 말고 열심히 일하라는 뜻이 아닐까?

현대인의 삶에서 거의 24시간 몸에서 떠나지 않는 것이 스마트폰이다 보니, 처음에는 4시간 동안 잠시 떨어져 있는 게 무척 어색했다. 예전에 일을 하면서 알게 된 지인이 있다. 경북 영양 산골에 사신다. 종종 업무 관계로 연락을 하면 전화 통화가 안 되는 일이 잦았다. 문자 메시지를 보내봐도 한참이 지나 답신이 오곤 했다. '요즘은 산골 구석구석 핸드폰만 잘 터진다는데….' 저녁 때야 통화가 됐다. 답답한 마음에 "왜 이렇게 연락하기가 힘드냐"고 했더니, "농한기에는 광산에 가서 일하느라 전화를 못 받는다"고 겸연쩍어했다.

쿠팡에서 일하던 첫날 점심시간이 되자 제일 먼저 식당으로 직행해 배꼽시계 알람을 끄고 허겁지겁 대기실에 가서 사물함 문을 열고 스마트폰을 켰다. 카톡 메시지만 12개, 부재중 전화가 3통, 확인해야 할 이메일도 2통이었다. 갑자기 광산에서 일하던 경북 영양의 지인 생각이 났다. 깊은 광산에 들어가 곡괭이로 각종 광물을 캐 카트에 실어나르는 광산 노동자. 스캐너를 손목에 차고 각종 상품을 집어 카트에 실어나르는 물류센터 노동자. 어쩐지 처지가 비슷한 것 같다는 생각이 들었다(물론 임금은 광산 노동자가 더 높다).

점심시간은 바쁘다. 그 사이 가지 못했던 화장실도 가야 하고, 잔뜩 뒤집어쓴 먼지도 털어내야 하고, 밥을 먹으려면 손도 얼굴도 꼼꼼하게 씻어야 한다. 식판을 들고 줄을 서서 밥을 떠먹어야 하고, 대기실까지 가서 스마트폰을 꺼내 이것저것 체크해야 한다. 엉덩이를 붙이고 휴식도 취해야 하고, 자판기에서 300원짜리 음료수도 뽑아 먹어야 한다. 물류센터가 광활해 이 모든 것을 소화하는 동선은 수백 미터 이상이다.

점심시간은 1시간이지만 1시간이 10분인 것처럼 흘러간다. 12시 45분에는 모든 소지품을 다시 사물함에 가둬두고 작업장으로 출발해야 한다. 갑자기 점심 먹으러 나가서 카페까지 들러 수다 떨다가 돌아오던 지난날의 직장이 그리워졌다. 그럼에도 여유롭던 시절의 점심시간보다 허겁지겁 허기를 달래고 조금이라도 엉덩이를 더 붙이고 있으려 안달해야 하는 쿠팡의 점심시간이 조금 더 꿀맛이다.

그런데 하루는 그런 꿀맛을 잡치는 일이 있었다. 점심 먹으러 가는데 중년의 남녀 한 쌍이 내게 식당 위치를 물어봤다. 신참인 듯했다. 주말동안 부부가 동반 알바를 온 모양이었다. 친절하게 식당 위치를 설명해줬다.

"일단 옥상으로 올라가셔서요 주차장을 남에서 북으로 가로질러서 삼백미터쯤 가시면 사람들이 우르르 몰려가는 곳이 있을 거예요."

나는 사물함에서 스마트폰을 찾아 가느라 조금 늦게 식당에 도착했다. 사람들이 몰려 줄을 서는 시간을 아끼는 요령도 생긴 터였다. 여느 때처럼 식판에 고봉밥을 쌓아 배를 채우고 나왔다. 메뉴는 짬뽕밥에 만두튀김이었다. 만두튀김은 튀기고 시간이 지나 딱딱했지만 짬뽕밥은 제법 먹을 만했다. 흡족한 표정으로 나와 엉덩이 붙일 곳을 찾아가고 있는데, 나에게 길을 물어봤던 부부가 앞서가고 있었다. 그때 여성이 앙칼진 목소리로 푸념을 시작했다.

"힘들어 죽겠네. 일당도 쥐꼬리만큼 주고. 그런데 밥도 개밥 같은 걸 밥이라고 내놓고. 이걸 사람 먹으라고 주는 거야?"

갑자기 나의 꿀맛 점심시간이 하찮아지는 것 같아 얼굴이 화끈거렸다. 그럴 리가 없는데. 일을 덜 하셨나.

7. 코로나 시대의 쿠팡

3월 중순에 접어들자 쿠팡 물류센터에 중대한 변화가 찾아왔다. 코로나19의 확산이다. '중국 우한 등 외국에 다녀온 경험이 있는지, 열이 있는지, 확진자와 접촉한 사실이 있는지' 등을 체크했다. 원래 셔틀버스는 일용직 대기실이 있는 5층에서 사람들을 내려줬는데, 1층에서 내리는 걸로 변경됐다. 모든 출입구가 1층으로 단일화돼 발열 체크를 받은 뒤에 입장할 수 있게 됐다. 열이 기준치 이상이거나 마스크를 쓰지 않으면 강제로 되돌려 보냈다. 셔틀버스에 탈 때도 자신의 좌석을 적어 내게 했고, 점심을 먹을 때도 마주보고 앉지 못하게 좌석 배치가 바뀌었다. 점심을 먹고 나올 때는 장부에 내가 앉았던 좌석 번호와 앉았던 시간을 적어 내야 했다. '방역' 강화 조치였다.

일하는 사람도 늘고 물량도 늘었다. 코로나 사태 이전에는 일용직 대기실에 사람이 많아야 15명 정도였는데, 이후에는 '바글바글하다'고 느낄 정도로 일용직들이 늘었다. 어림잡아도 40명은 넘어 보였다. 물량도 늘었다.

집품 업무를 하다 보면 가끔 다른 업무에 투입되기도 한다. 보통 재고 조사를 하는데 PDA를 들고 가서 특정 위치에 어떤 상품이 얼마나 있는지 세는 일이다. 단말기에는 B-135 칸에 티셔츠가 30장 있다고 표시돼 있는데, 실제 그 칸에 티셔츠가 몇 장인지 세야 한다. 대부분 30장이 있어야 할 곳에 30장이 있다. 하다 보면 도대체 왜 이 일을 해야 하는 건지 어리둥절하다. 그래도 시키는 일이라 열심히 개수를 세고 있었다. 그런 나를 보고 옆에서 재고 조사하던 '선배'께서 한 마디 훈수를 두셨다.

"뭘 그렇게 열심히 해요. 오늘 주문이 없어서 시키는 일인데. 그냥 시간 때우다 가면 돼요. 이놈들은 사람을 그냥 놀리는 일이 없다니까."

아하 그렇구나. 의문이 풀렸다. 이런 게 '짬밥' 아니겠는가.

그러나 코로나 사태 이후에는 '재고 조사' 할 일이 거의 없었다. 물류센터가 축구장 크기에서 잠실종합운동장 크기로 넓어졌다. 이전에는 A, B, C 구역까지 있었는데, D 구역이 추가됐다. 그동안 칸막이로 가려져 비어 있던 공간인데 물량이 늘자 공간을 확장한 것이다. 실제로 코로나 사태 이후 쿠팡 주문량이 3~4배 늘었다는 기사들이 나왔다.[8] 쿠팡과 같은 온라인 유통의 사회적 기여도에 대한 새로운 시각의 평가도 나오기 시작했다. 미국에서는 코로나 사태가 확산되자 사재기 현상이 일어났다. 그런데 한국에서는 이런 사재기 현상을 볼 수 없었다. 이유는 온라인 유통이 발달한 덕분이다.

미국에도 아마존과 같은 거대한 온라인 커머스 기업이 있지만, 여전히 월마트 등 전통적인 형태의 유통채널이 높은 점유율을 갖고 있다. 온라인 주문 배송이 편리한 뉴욕과 같은 대도시와는 별개로 넓게 퍼져 있는 소도시에 가면 월마트 아니면 장을 볼 곳이 별로 없다. 그러니 일단 우리 동네 월마트에 생필품이 떨어지기 전에 차를 몰고 가서 잔뜩 구매해 와야 한다. 반면 우리나라는 언제든 온라인 주문을 통해 그것도 '당일배송', '로켓배송', '총알배송', '새벽배송' 등 다양하고 빠른 배송 시스템으로 상품을 받아볼 수 있다. 언제든 내가 원할 때 상품을 받을 수 있기 때문에 굳이 힘들게 동네 마트에서 생필품을 사재기할 필요가 없다.

이런 효과는 실제 통계에서도 나타난다. 2월 셋째 주 대구에서 확진자가 급증하자 배송 업체인 CJ대한통운에 접수된 생필품 배송량이 3배가량 폭증했다.[9] 이후 사회적 거리두기가 실시되고 재택근무가 확산되면서 커피메이커나 도서, 음반 등 가정 내 이용품의 배송량이 증가했다. 음식 배달은 전년 대비 90%가 늘었다.[10] 온라인 쇼핑이라는 믿을 구석은 소비자들에게도 환영을 받았다. 쿠팡 관련 기사에 가장 많은 추천을 받은 댓글을 보자.

"쿠팡은 사랑입니다."
"요즘 같은 시기 쿠팡 없었으면 어쩔 뻔했나요."
"상장 해주라. (주식) 사고 싶은데."
"이 사태가 진정되고 안정을 찾으면 쿠팡에게, 모든 쿠팡 기사님에게 표창장 주고 공로를 인정해주면 좋겠어요. 저를 비롯해서 쿠팡 덕을 안 본 사람 있을까 싶습니다. 사재기가 없었던 이유에 쿠팡의 역할이 컸을 겁니다. 심리적인 안정감도 주었고요. 회식비라도 전해주고 싶은 마음입니다. 감사합니다. 모든 쿠팡 기사님들."

코로나 시대 간호사들이 영웅으로 떠올랐다. 그에 못지않게 쿠팡과 같은 온라인 유통의 가치도 새삼 주목을 받았다. 밖에 나다니기 겁나는 시대에 '언택트' 쇼핑 시스템은 새로운 대안이 됐다. 택배도 '비대면'이 기본이 됐다. 택배를 할 때 초인종을 눌러 소비자에게 직접 상품을 전달하는 대면 택배가 기본인 적이 있다. 집에 없을 때는 돌아갔다가 나중에 다시 오는 수고를 하기도 했다. 그러다 택배는 '경비실에 맡겨주세요'가 기본으로 바뀌었다. 경비실이 없는 주택가에는 '무인 택배함'이 설치되기도 했다.

"아파트 경비실이 택배 보관소냐", "택배 보관이 경비의 기본 업무냐"를 둘러싸고 논란도 생겼다. 택배는 자연스럽게 집 앞에 두고 가는 방식으로 변경됐다. 그냥 집 앞에 두고 가는 것에 대한 일말의 불안감이 없었던 것이 아니지만, 코로나 시대에는 집 앞에 두고 가는 일이 당연해졌다.

물량이 급격히 늘자 쿠팡의 인력 채용에도 변화가 생겼다. 전에는 출근 지원을 해도 퇴짜 맞는 일이 많았으나 이제는 '단기 사원 대모집' 같은 문자 메시지가 오기 시작했다. 인근의 다른 쿠팡 물류센터에서도 문자 메시지가 와서 '출근'을 독려했다.

새로 일을 나온 사람들 중에는 20대 초반의 젊은이들도 부쩍 늘었다. 특히 개강을 해도 학교에 가지 못 하는 대학생들이 많이 보였다.

"진우 엄마, 굿모닝. 오늘도 나왔네."

"굿모닝. 그런데 옆에 누구야? 아, 딸? 지민이?"

"요즘 학교에도 못 가고 집에 틀어박혀 아무것도 안 하는 게 답답해서 끌고 나왔어."

"아이고 잘했네. 진우 녀석도 맨날 방구석에서 게임만 하고 있는데, 쿠팡 신청하라고 해야겠어."

하루는 작업을 하는데 30대 후반으로 보이는 사람이 와서 내게 이것저것 궁금한 점을 물어봤다. 내가 '선배'들에게 배웠던 것처럼 단말기 사용법, 상품 적재법 등을 가르쳐줬다.

"오늘 처음 나오셨나 보죠?"

"예. 아침에 교육을 받기는 했는데, 자세하게는 안 가르쳐 주네요. 하다가 모르는 거 있으면 관리자나 선배 사원에게 물어보라고 하더라고요."

"이런 일은 처음이신가 봐요."

"아, 네. 원래 인천의 기내식 만드는 공장에서 일했는데 휴직 통보 받았어요. 정부에서 지원금도 나오고 한다는데, 마냥 기다리고만 있을 수도 없고 집에만 있기도 뭣 하고 뭐라도 해야겠다 싶어 알아보다가 오게 됐네요."

코로나 사태로 여행업, 숙박업 등 '콘택트' 업종이 직격탄을 맞았다. 이들에게는 물량이 늘어 일자리가 늘어난 쿠팡 일용직이 일종의 '쿠션' 역할을 했다. 특히 고용보험에 가입되지 않아 실업급여의 혜택을 받지 못 하는 보험모집인, 방과 후 학교 교사, 학습지 방문 교사 등에게 쿠팡 일용직 일자리는 가뭄의 단비가 아니었을까.

8. 끈 떨어진 마스크 신세

코로나 시대 영웅 중 하나로 떠오르던 쿠팡이 위기를 맞은 것은 2020년 5월 26일 부천 물류센터에서 코로나 확진자가 나오면서부터였다. 일용직 근로자가 코로나에 걸린 것이 확인됐고, 확진자 수는 순식간에 100명을 넘어섰다. 이어 내가 일했던 고양 물류센터에서도 확진자가 발생했다.

이때 쿠팡의 초기대응이 문제가 됐다. 오전 근무조에서 확진자가 발생했음에도 불구하고 일시 셧다운 조치를 하지 않고, 간단한 방역 후 오후조를 출근시켜 물류센터를 계속 돌렸다. 이재명 경기도지사는 쿠팡 측의 안이한 태도에 책임을 물어 2주간 부천 물류센터를 폐쇄하는 행정명령을 내렸다.[11] 여론도 싸늘하게 식었다.

쿠팡 물류센터에 확진자가 나오기 한 달 전 이런 일이 있었다. 퇴근하려고 엘리베이터를 기다리고 있는데, 옆에 서 있던 여성 한 분이 내게 날카로운 목소리로 짜증을 냈다.

"마스크 쓰고 다니시란 말이에욧!"

마스크를 일부러 안 쓴 것이 아니었다. 낮에 일하던 도중 마스크 끈이 끊어져버렸다. 사실 코로나 사태가 아니더라도 쿠팡 물류센터에서 일을 하려면 마스크가 필수다. 아침에 출근해 육중한 물류센터 안에 들어가면 가장 먼저 느껴지는 것이 '먼지 냄새'다. 나름 청소도 환기도 열심히 하는 것 같지만, 물품의 대부분이 종이 박스에 담겨 있기 때문에 종이 먼지는 피할 수 없다(대학 때 100년 전의 잡지들이 보관돼 있는 도서관 정기간행물실에서 책 닦는 아르바이트를 하다 몸살에 걸려 사흘을 끙끙 앓은 적도 있다). 쉴 틈 없이 무거운 물건을 나르느라 숨이 차기 때문에 마스크가 불편할 때도 있지만 먼지 때문에라도 당연히 쓰는 게 낫다.

짜증을 내는 여성분에게 끈 떨어진 마스크를 들어 보여주며 "일하다 끈이 끊어졌네요"라고 해명을 했는데, 그 분은 엘리베이터에 탄 뒤 '닫힘' 버튼을 누르고 먼저 내려가버렸다. 다음 엘리베이터를 타고 내려와 나가려고 하는데 경비원 2명이 쫓아와 나를 붙들었다.

"마스크를 안 쓴 직원이 돌아다닌다는 신고를 받고 왔습니다. 마스크 어딨죠? 왜 마스크를 안 쓰고 계세요?"

전직 경찰이신가? 범죄 용의자 취조하듯이 내게 따지고 들었다.

"아, 일하다가 끊어졌어요."

"이름이랑 소속을 대세요. 보고하겠습니다."

"저 일용직인데요."

"마스크가 끊어졌으면 다시 지급해달라고 해야죠."

"일용직도 마스크를 주나요? 금시초문인데요. 마스크 없으면 출근하지 말라는 말만 들었지, 마스크 준다는 얘기는 들어본 적이 없어요."

출근 전날 쿠팡이 보낸 문자 메시지는 다음과 같다.

"마스크 비용은 따로 지급하지 않습니다. 반드시 본인 지참."

코로나 사태가 심각한 단계에 이르자 쿠팡은 방역을 위해 많은 조치를 했다. 쿠팡의 노력은 인정하지만, 일용직 노동자들에게 마스크 한 장 나눠주지 않은 것에 대한 아쉬움은 남는다.

쿠팡의 코로나 확진 사태는 구조적 문제도 안고 있다. 마스크 지급 문제는 차치하고라도, 작업장 내에서는 안전화와 안전조끼 등 작업 용품을 근로자들끼리 공유한다.

　언론 보도에 따르면 쿠팡 물류센터 작업자의 97%가 비정규직이라고 한다.[12] 비정규직 중에는 3개월 이상 근무하는 계약직도 있지만, 적지 않은 수가 일용직이다. 3교대로 24시간 돌아가는 물류센터의 경우 한 타임 작업자가 500명이라면, 최소 1,500명이 일을 하러 쿠팡 물류센터에 드나든다.

　안전화 등의 작업 용품을 개인별로 지급하기 위해서는 상당한 비용이 들기 때문에 쿠팡은 작업 용품 공유 시스템을 도입했을 것이다. 남이 신던 안전화가 찜찜해 자기 안전화를 별도로 챙겨 오거나 등산화를 신고 와 '안전화'라고 우기는 사람들도 있다.

　수많은 이들이 생필품을 문 앞까지 신속하게 배달해주는 쿠팡맨들을 '영웅'이라고 칭송했다. "쿠팡이 없었으면 어쩔 뻔했어." 그러나 쿠팡 안에서 일하는 근로자들은 위험에 노출된 채 하루하루를 불안하게 살아가고 있었다.

　코로나 확진 사태 이후 쿠팡에서 새로운 채용 모집 문자가 오기 시작했다.

"왓쳐 업무 인원을 모집 중입니다. 센터 왓쳐 업무는 체온 측정, 출근 명단 확인, 흡연장, 휴게실 거리두기, 현장 내 마스크 착용 감시 등 업무를 진행합니다."

물론 일용직이다. 코로나 사태가 끝나면 사라질 일자리다.

9. 믿고 쓰는 쿠팡맨

쿠팡이 온라인 유통의 최강자로 떠오를 수 있었던 핵심 경쟁력
은 '로켓 배송'이다. 쿠팡의 배송사원인 '쿠팡맨'은 처음부터
화제를 몰고 등장했다(2020년 여름 쿠팡은 배송사원 명칭을
'쿠팡맨'에서 '쿠팡친구'로 바꿨다. 이 책에서는 더 친숙한 이
름인 '쿠팡맨'을 사용한다).

일반 택배기사들은 40대 이상 중년이 많다. 보통 택배기사들은
특정 택배업체의 근로자로 취업하는 형태가 아니라 자기가 소
유한 트럭으로 운송 계약을 맺는 지입제, 즉 개인사업자 형태
로 일을 한다. 택배업을 하려면 트럭이 있어야 하고 화물유상
운송종합보험에도 가입해야 한다. 물량이 많고 배송하기 편한
지역은 영업권에 대한 권리금도 붙는다. 그래서 택배기사가 되
기 위해서는 적게는 3,000만 원에서 많게는 7,000만 원까지 자
본금이 필요하다. 그래서 어느 정도 '초기 투자'가 가능한 30대
중후반 이상의 연령대가 택배기사의 주 연령층을 이룬다. 예전
에는 '유상운송'을 할 수 있는 자격과 같은 영업용 노란색 번호
판도 1,500만 원에서 2,000만 원 사이에 거래되었다. 그러다 택
배 물량이 기하급수적으로 증가하자 정부는 '서울 12배 3456'
처럼 '배'자가 들어간 택배 전용의 영업용 번호판을 무료로 발
급하고 있다.

그런데 쿠팡은 상품을 미리 매입해 고객의 주문을 받아 배
송하는 시스템이다. '타인의 상품을 유상으로 운송'할 때는 노

란색 영업용 번호판이 필요하지만, '자기 상품을 배송'할 때는 보통의 흰색 번호판으로도 가능하다. 마음만 먹으면 흰색 번호판의 일반 차량을 원하는 대로 사용할 수 있는 것이다. 쿠팡은 이를 이용해 마음껏 택배 차량을 늘릴 수 있었다.

쿠팡은 택배기사를 근로계약서를 작성하는 직접 고용으로 채용했다. 초기자본이 필요 없으니 20~30대 청년들이 대거 쿠팡맨으로 채용됐다. 깔끔한 유니폼을 입고 다녔고, 고객 응대 서비스 매뉴얼도 잘 다듬어졌다. '훈남 쿠팡맨'도 한때 인터넷을 달궜다('태사자'의 김형준도 쿠팡맨이었다).

쿠팡맨들은 직접 고용되어 있는 직원이라는 점이 큰 강점이었다. 택배 건당 수수료를 받는 일반 택배기사와 달리 쿠팡 직원인 '쿠팡맨'들은 고정된 월급을 보장받고, 기본 물량을 채운 뒤 초과 물량은 수수료를 받는 식으로 급여가 책정됐다. 안정적인 수입이 생겼고, 주휴수당, 연월차, 상여금, 명절에 받는 쿠팡 캐시 등 회사의 복리후생까지 누릴 수 있어 업무 만족도가 높았다. 일반 택배보다 더 나은 서비스를 제공할 수 있었다. 택배 상자에 그림을 그리고 메모까지 남기는 여유를 부리는 쿠팡맨들이 화제가 됐다. 쿠팡맨은 신뢰의 아이콘이 됐다.

무엇보다 당일 배송, 익일 배송과 같은 '로켓 배송'이 쿠팡의 핵심 경쟁력이다. 정규직 쿠팡맨이 되기 위해서는 2년의 시간이 필요하다. 운전 테스트와 각종 설문을 거쳐 채용이 되면 2~3개월 동안 '라이트'라는 수습 기간을 거친다. 정규직 쿠팡맨과 함께 다니며 일을 배우고, 배송 물량을 일반 쿠팡맨의 30%에서

80%까지 점진적으로 늘려가며 일에 익숙해지게 돕는다. 라이트 과정에서는 월급으로 240만 원 정도를 받는다.

　'라이트'를 졸업하면 '노멀'이라는 이름의 계약직으로 채용된다. 6개월 단위로 계약을 하면서 숙련과 향상의 과정을 거친다. 이때 일은 정규직과 거의 동일하게 하고 급여는 280~290만 원을 받는다. 노멀 2년을 채우면 정규직 채용 기회가 주어진다. 2년 동안의 성과와 근태 등을 따져 채용하는데, 정규직으로 채용되면 월 330만 원 정도의 급여를 받는다.

　쿠팡맨은 오전 9시부터 오후 8시까지 일하는 주간조와 오후 10시부터 다음 날 오전 8시까지 일하는 야간조로 나뉜다. 야간조의 급여가 40~50만 원 정도 더 많다. 야간조 정규직 쿠팡맨이 되면 월 380만 원 정도 벌 수 있다는 이야기다. 물량이 늘어 인센티브를 받게 되면 월 급여가 400만 원을 넘기도 한다.

　쿠팡맨의 장점은 주5일 근무에 연차 15일이 주어지고, 주간 근무시간도 주 52시간을 넘기지 않으며, 4대 보험을 적용받고, 1년 이상 재직 시 퇴직금이 나오는 등 '근로기준법'의 혜택을 받을 수 있다는 점이다. 근로자가 근로기준법의 혜택을 받는 게 당연한 것 아니냐고 할 수 있지만, 개인사업자로 활동하는 대부분의 택배기사에게는 어디까지나 '남의 일'이다.

급여와 근로조건 등을 감안하면 쿠팡맨은 물류센터 직원보다 더 높은 급여 수준을 보장 받는다. 정규직 채용 기회도 많다. 앞서 언급했듯이 쿠팡맨이 쿠팡의 핵심 경쟁력이기 때문이다. 사실 쿠팡에서 파는 상품들이 상품 자체의 경쟁력이 있다고 하기

2020.0908 KIM HAYOUNG

택배 물량은 계속 늘고 무게도 는다. 주로 액체류가 무겁다.
가을엔 전쟁이다. 햅쌀 나오면 쌀 주문량이 늘고
사과 배 같은 크고 무거운 과일 배송도 는다. 제일 무서운 건
김장용 절임배추!

는 어렵다. 대부분 다른 쇼핑몰 어디에서나 살 수 있는 상품들이다. 그렇다면 남들보다 더 많은 종류의 상품을 더 싸게, 더 빨리 배송하는 방법밖에 없다.

물류센터 공정은 자동화 기술 수준이 빠르게 진척되고 있지만, 배송 공정은 자동화 진척 속도가 느리다. 모든 상황을 컨트롤 할 수 있는 물류센터와 달리 옥외 배송은 수만 가지 변수와 맞닥뜨려야 한다. 아직은 사람이 필요한 이유다. 따라서 쿠팡맨의 숙련도를 높게 유지할 필요가 있다.

10. 배보다 배꼽, 쿠팡 플렉스

오전 8시. 쿠팡 물류센터 주차장에는 야간조 일을 끝내고 퇴근하는 쿠팡맨들이 모여 있다. 퇴근하기 전 한바탕 수다들을 떨고 가는데, 코로나 사태 직후 수다의 주제는 늘어난 물량이었다.

"몇 가구 받았어?"

"OO 가구."

"어휴, 그걸 어떻게 다 채워?"

"나는 XX 가구."

"그 정도 받아봤으면 소원이 없겠다."

"그래서 나머지 어떻게 했어?"

"플렉스에 풀었나 봐."

종종 업무 관련 정보 교환도 일어난다.

"△△오피스텔? 거기는 화물 엘리베이터 출입구가 건물 뒤쪽에 따로 있어. 지하주차장으로 바로 들어가지 말고 왼쪽으로 끼고 돌아 후문으로 들어가야 돼."

"□□아파트는 라인이 복잡해. 1~4호 라인은 복도고, 5, 6호 라인은 계단식이야. 그래서 처음에 적재할 때 1~4호와 5, 6호를 따로 실어야 돼."

애환도 오간다.

"소식 들었어? OOO이 어제 XX에서 후진하다가 여학생을 치었대."

"에구구구구. 거기 길이 좁고 복잡해서 사람들 많이 튀어

나오는 길인데. 나도 할머니 한 분 살짝 부딪힌 적 있어."

"아, 나이도 어린 친구인데 그 트라우마 어쩔 거야."

때로는 쿠팡맨이 죽기도 한다.

"새벽배송 하다가 죽었다면서."

"빌라 계단에서 발견됐대. 4주차 신입이었는데…."

"물량은 쌓여 있지, 7시까지 완료는 해야지. 안 봐도 눈에
선하다."

쿠팡맨의 사망 사건이 일어나자 쿠팡 노조는 처우 개선을
요구했다. 도저히 감당할 수 없는 물량이 떨어진다는 것이었
다. 쿠팡맨의 성과 측정은 기준 물량 처리 여부로 결정된다. 하
루 기준 물량은 한 번에 140가구 안팎이다. 노조에서는 절대 채
울 수 없는 물량이라고 주장한다. 게다가 좁고 구불구불한 골
목길이 많은 곳, 단독주택이나 엘리베이터가 없는 빌라가 많은
지역과 같은 곳은 배송 시간이 오래 걸릴 수밖에 없다. 쿠팡맨
들이 '무리'할 수밖에 없는 구조이고 무리는 곧 '사고'로 이어
진다는 것이다.

업계에서 쿠팡은 '택배 사관학교'라는 별칭으로 불리기도 한
다. 1~2년 동안 계약직으로 일하다 퇴사(혹은 계약 해지)하고
개인 택배기사로 전직하는 경우가 많기 때문이다. 쿠팡 측에서
는 "계약직 쿠팡맨의 정규직 채용율이 90%가 넘는다"고 주장
하고 있지만, 노조 측에서는 "전체 쿠팡맨의 70%가 계약직이
고, 정규직 전환율이 높은 이유는 대부분의 계약직 쿠팡맨들이
고된 근로조건을 견디지 못해 스스로 퇴사하거나 회사가 낮은

성과를 근거로 정규직 전환 전 계약 해지를 하기 때문에 나타나는 착시 현상"이라고 주장한다.

쿠팡이 '플렉스'를 늘리고 있는 점도 유의해서 봐야 할 지점이다. 쿠팡 플렉스는 자신의 차로 쿠팡의 배송 물량을 처리하는 일종의 아르바이트다. 플렉스 신청을 하고 물량 배정이 되면 쿠팡 캠프(물류센터)에 가서 할당된 물품을 차에 싣고 배송을 한다. 배송 전산 처리는 자기 스마트폰으로 한다. 배송 상품 건당 900~1,100원 정도 받는다. 하루에 40개 정도를 처리하면 5만 원 정도 번다. 여기에도 수요와 공급의 시장 원리가 작동한다. 물량보다 지원자가 적으면 건당 수수료가 올라가고, 지원자가 많으면 수수료가 내려가는 구조다.

쿠팡맨에게는 인센티브 제도가 있다. 자신에게 배정된 물량을 다 처리하고 나면 물량을 다 처리하지 못한 다른 지역에 지원을 나갈 수 있다(혹은 나가야 한다). 다른 쿠팡맨의 물량 처리를 도우면 건당 800~1,000원의 인센티브를 받는다. 그런데 이 물량을 '플렉스'라는 아르바이트에게 배정하는 것이다(대신 쿠팡맨의 수익 기회를 가로채는 것이기 때문에 초과 물량 배정 우선권은 쿠팡맨에게 있다). 수수료 계약이기 때문에 이들에게 최저임금을 보장해줄 필요도 없고, 보험료도 내지 않는다. 그리고 쿠팡맨에게는 트럭과 스마트폰이 지급되지만 플렉스들은 자기 차와 스마트폰을 이용한다. 따라서 쿠팡은 스마트폰 요금과 기름값도 부담하지 않는다.

이 말을 거꾸로 살펴보자. 플렉스들은 자기 차와 스마트폰을 이용해야 하고, 기름값도 자기가 부담해야 하며, 보험료도 자기가 내야 한다. 운이 좋아 한 시간에 10건을 배송한다고 치면(사실 힘든 목표다) 1만 원의 수입을 얻을 수 있지만, 비용을 빼고 나면 수입이 최저임금보다도 낮을 수밖에 없다. 특히 보험 문제가 걸리면 골치 아파진다. 비싼 '유상운송' 자동차 보험을 들고 플렉스를 하는 사람들은 거의 없다. 돈을 받고 택배 상품을 배달하다 사고가 나도 보험 처리가 되지 않는다. 몇 만 원 벌려다가 몇 백 만 원을 물어줘야 하는 낭패를 볼 수 있다.

"어떤 플렉스가 아우디를 긁었는데, 보험회사에 들켜 망했다"라는 소문도 돌았다. 쿠팡의 플렉스 물량 처리량이 늘자 2020년 2~5월 사이 신규 쿠팡 플렉스 등록자만 5,400여 명이 늘었다. 플렉스가 점점 확산되자 정부는 개인 자동차 보험에도 '유상운송 특약'을 넣는 방안을 추진 중이다(2020년 7월 기준).[13] 보험료를 더 내면 쿠팡 플렉스도 보험 혜택을 받을 수 있게 한다는 것이다. 어쩌면 쿠팡맨은 전부 쿠팡 플렉스로 대체될지도 모른다.

11. 시장과 슈퍼, 마트가 사라진다

쿠팡이 계약직과 일용직 중심으로 인력을 운용하는 것은 인건비 비용을 최소화하기 위해서다. 회사라면 계절에 따라, 경기에 따라 물량이 변동하는 상황에 보다 탄력적으로 대응하고 싶을 것이다. 아마존은 '블랙프라이데이' 시즌에 평소 투입 인력의 2배가량을 임시 충원하기도 한다. '플렉스'의 원조는 아마존이다. 이름도 똑같다. '아마존 플렉스.' 기술의 발전이 이런 인력 시스템을 가능하게 했다.

물류센터는 물품이 들어오면 분류하고 배치하는 '입고', 소비자들의 주문이 들어오면 카트에 담아 전달하고 포장해 내보내는 '출고', 포장된 물품을 각 지역 쿠팡캠프로 보내는 '허브' 세 가지 공정으로 이뤄져 있다. 근로자들은 어떤 물품을 어디에 둬야 하는지, 어떤 물품이 어디에 있는지 알 필요가 없다. PDA의 지시에 따라 움직이기만 하면 된다. 딱히 높은 숙련도가 필요한 것도 아니다. 하루 이틀 일을 하면 무리 없이 할 수 있다. 쿠팡 측에서는 인력 채용도 쉽고 장기근속 고용의 부담을 질 필요가 없다. 쿠팡 플렉스는 PDA가 없어도 스마트폰으로 택배의 송장을 스캔해 물량을 처리할 수 있다.

'플랫폼 기술'의 발전으로 이와 같은 직종이 새로 생겨나거나 기존의 직업이 대체되는 과정은 필연적으로 숙련 노동의 해체를 동반한다. 가장 급격한 변화가 일어나고 있는 곳이 택시와 같은 모빌리티, 음식점 배달 그리고 쿠팡과 같은 온라인 커머스 분야다.

사실 아마존이나 쿠팡과 같은 온라인 쇼핑몰이 21세기에 발명된 혁신적인 비즈니스 모델은 아니다. 문명의 발생과 함께 인류는 물물교환을 해왔다. 그러다 화폐가 생기고 시장이 발달했다. 미국에서는 한때 '우편 판매'가 선풍적인 인기를 끈 적이 있다. 20세기 들어 철도 등 교통 시스템이 발달하고 우편 배송망이 촘촘해지자 비즈니스 기회 포착에 빠른 사업가들은 갖가지 상품 목록을 담은 카탈로그를 인쇄해 뿌렸다. 우편 판매의 대표주자는 미국의 시어스 그룹이었다. 우편 판매로 막대한 부를 축적한 시어스 그룹은 한동안 세계 최고층 빌딩이었던 시어스 타워를 건설했다(지금은 '윌리스 타워'로 이름이 바뀌었다).

자동차가 보급되고 도시가 포화 상태에 이르자 중산층은 교외 지역에 대규모 주택단지를 짓고 모여 살기 시작했다. '다운타운'이 출현했다. 이때 생겨난 게 월마트와 같은 대형 마트다. 상품을 쌓아놓기만 하면 사람들이 차를 몰고 와 카트에 물건을 가득 담아 결제를 한 뒤 트렁크에 싣고 떠났다.

오늘날 온라인 쇼핑은 '21세기 버전의 우편 판매'다. 유통업자들은 종이 대신 웹사이트에 카탈로그를 올린다. 주문과 결제를 통합했고 전문적인 배송망(택배사)이나 자사 배송망(쿠팡의 '로켓배송' 같은 것)을 구축해 모든 과정을 일원화하고 있다. 온라인 쇼핑이 대세가 되면서 업체들은 사활을 건 경쟁을 펼치고 있다. 관건은 '시장 점유율' 확대다.

인터넷 시대는 '가격 비교'를 가능하게 했다. 소비자들은 같은 값의 제품이면 단돈 10원이라도 더 싼 걸 산다. 배송비도 중요한 결정 기준이다. 업체 입장에서도 조금이라도 더 싸게 더 빠르게 더 효율적으로 배송해야 살아남을 수 있다. 그러기 위해서는 매입 단가를 낮춰야 한다. 매입 단가를 낮추기 위해서는 시장의 독보적 사업자가 돼서 '바잉 파워Buying Power'를 획득해야 한다.

최근에는 '록 인Lock-In', '구독 모델Subscribed model'도 각광을 받고 있다. '아마존 프라임', '로켓와우'처럼 회비를 내면 배송을 무료로 해주는 정책이다. 회비를 냈으니 본전을 찾기 위해서라도 쇼핑몰을 옮겨다니지 않고 한 곳에서 계속 쇼핑하게 만드는 전략이다. 물론 이것 역시 하늘 아래 처음인 모델은 아니다. 코스트코의 경우 연회비를 받아 회원에게 할인된 가격으로 양질의 제품을 판다는 핵심 전략으로 온라인 커머스 시장에서도 생존력을 유지하고 있다.

그 사이 동네 슈퍼마켓들은 사라지고 있다. 과거 슈퍼마켓은 적잖은 투자와 높은 숙련을 필요로 하는 일이었다. 일단 목 좋은 장소에 가게를 얻어야 하고 동네 주민들이 어떤 상품을 선호하는지 파악해야 한다. 모든 상품을 진열할 수 없으니 한정된 공간 안에 특정 브랜드의 상품을 배치해야 한다. 가게 구조상 어떤 상품을 어디에 배치할지 전략을 세워야 한다. 가끔 '미끼 상품'으로 할인 이벤트를 해서 매출을 올려야 한다. 신선식품의 경우 재고 관리도 중요하다.

규모가 좀 있는 가게의 경우 직원 채용과 관리도 해야 한다. 전단지를 만들어 뿌리는 홍보 영업도 한다. 아침 일찍부터 밤늦게까지 영업을 해야 하는 체력도 필요하다. 좀도둑도 막아야 하고, 장부 작성에 세금 신고, 거래처의 단골 관리도 잘 해야 한다.

하지만 이 모든 것이 온라인 쇼핑으로 흡수되고 있다. 거대 온라인 유통업체들은 이 모든 업무를 쪼개고 데이터화해 최대한 효율을 끌어올린다. 가격을 낮추고 집 앞까지 총알배송을 하면서 동네 슈퍼마켓들을 사라지게 하고 있다.

12. 개미들을 위한 비가悲歌

거대한 쿠팡 물류센터 안에서도 작업장 별로 업무의 형태가 조금씩 다르다. 5층은 주로 티셔츠나 화장품 등 작은 포장의 상품들이 배치돼 있다. 작은 상품들은 '토트'라 불리는 플라스틱 바구니에 담아 포장대로 갖다준다. 6층에는 생수, 라면, 휴지 등 비교적 부피가 크고 무거운 상품들이 배치돼 있다. 이런 상품들은 팔레트 위에 차곡차곡 쌓아 수동 자키로 실어나른다.

나는 주로 6층에 배치돼 일했다. 간혹 5층에서 일할 때도 있었는데, 5층 작업장에는 HUB 공정이 함께 일하고 있었다. 포장된 상품을 지역별로 분류해 화물차에 싣는 공정이다. 컨베이어 벨트 앞에서 작업을 하는데 HUB 작업대에서는 항상 음악이 흘러나왔다. 짬밥 좀 되는 관리자가 블루투스 스피커를 갖다 놓고 음악을 틀어놓는 것 같았다. 물건들과 대화하는 무료한 업무 환경 속에서 저 멀리 흘러나오는 음악 소리는 가끔 활력소가 된다.

그런데 듣다 보니 은근히 선곡에 신경이 쓰이기 시작했다. 그냥 유튜브 뮤직의 '인기 가요' 정도의 리스트가 무작위로 흘러나오는 것 같았다. 대부분 경쾌한 리듬의 걸그룹, 보이그룹의 K-POP이 나온다. 둠둠 둠칫 쿵 짝 풍~. 이런 비트가 흘러나오면 내 몸짓까지 경쾌해지는 느낌이 든다. 그런데 가끔은 애절한 발라드가 나오기도 한다. 한번은 생수와 휴지 등 무거운 짐을 키 높이까지 쌓아 낑낑대며 카트를 밀고 있는데 김범수의 노래가 흘러나왔다.

"미칠 듯 사랑했던 기억이, 추억들이, 너를 찾고 있지만~"

평소에 좋아하던 곡이지만 무거운 카트를 끌면서 듣기에는 어울리지 않는 노래였다. 이렇게 나오는 음악마다 '이건 노동요로 괜찮군. 이건 너무 처지잖아. 도대체 선곡 기준이 뭐야'라며 품평하는 재미가 있다. 그러던 어느 날 문득 어릴 때 이솝 우화에서 봤던 '개미와 베짱이' 이야기가 떠올랐다.

한여름 개미는 땀을 뻘뻘 흘리면서 일을 한다. 그 옆에서 베짱이는 탱자탱자 놀면서 노래만 부른다. 겨울이 다가왔다. 개미는 따뜻한 집 안에서 여름 동안 일해 모은 음식을 먹으며 따뜻하게 지낸다. 그때 헐벗고 굶주린 베짱이가 찾아와 문을 두드리며 적선을 구한다. 평소에 열심히 일해 저축을 해야 나중에 행복하게 살 수 있다는 이야기라고 배웠다.

하지만 수많은 패러디가 나왔다. 개미가 베짱이를 받아들여 음식과 침대를 나눠주고 행복하게 함께 살았다는 '디즈니적'인 이야기. 알고 봤더니 베짱이는 수명이 8개월, 어차피 겨울이 오기 전에 죽기 때문에 살아 있는 동안 최선을 다해 삶을 즐겼다는 '과학적'인 이야기. 베짱이는 여름 내내 노래 실력을 갈고 닦아 겨울에는 빌보드 차트를 휩쓸며 백만장자가 됐다는 '현대적'인 이야기까지. 문득 쿠팡 물류센터에서 땀을 뻘뻘 흘리며 개미처럼 짐을 나르는 내 모습이 오버랩 되면서 내가 '현대적'인 이야기의 한쪽 주인공이 된 것 같았다. 나는 아무리 힘들게 일해도 최저임금에서 벗어날 수 없는 굴레에 빠져 있다. 반면 베짱이들은 대박만 터뜨리면 평생 힘들게 일하지 않아도 먹고살 수 있지 않나.

요즘 아이들은 과학자나 군인, 교사 대신 아이돌이나 유튜브 스타를 꿈꾼다. 개미가 아니라 바야흐로 베짱이의 시대다. 물론, 모든 베짱이들이 성공하는 것은 아니다. 낙타가 바늘귀를 통과하는 것처럼, 부자가 천국의 문에 들어서는 것만큼 어려운 게 '스타탄생' 아니겠나.

2020년 10월, 양경숙 의원이 국세청 자료를 받아 공개한 자료에 따르면 2018년 소득을 신고한 가수 6,372명 중 상위 1%인 63명은 평균 소득이 34억 4,698만 원으로 전체 가수 소득의 53%를 차지했다.[14] 나머지 소득 47%를 99%가 나눠야 하는, 전형적인 빈익빈 부익부의 모습이다.

그리고 리얼리티 예능 프로그램 등에서 요즘 아이돌 연습생들이 훈련받는 걸 보고 있자니 어째 베짱이들이 개미보다 더 힘들어 보인다. 베짱이가 그냥 베짱이가 아니다. 쉼 없이 열심히 연습하고 실력을 갈고 닦아야 한다. 21세기 버전의 개미와 베짱이 이야기에서 조명 받아야 할 것은 베짱이일지도 모른다.

학창 시절에 인연이 별로 없던 상이 있다. 개근상이다. 홍역에 걸려서, 지독한 감기에 걸려서, 추석 때 수십 벌의 젓가락들을 비집고 덜 익은 고기 집어 먹다가 식중독에 걸려서, 할머니가 돌아가셔서 등등 여러 이유로 학교를 못 가는 날이 생겼다. 그런데 어떤 선생님들은 "우수상보다 개근상이 더 대단한 것"이라고 치켜세우셨다. 맞다. 대단하다. 한 번도 아프지 않은 것 자체도 대단하고, 아프더라도 죽어도 학교에서 죽겠다는 각오로 일단 학교에 와서 양호실에 누워 있는 친구들도 대단하다. 상을 당해도 학교에 출석했다가 조퇴하는 투지도 대단하다. 모 자동차 제조사는 생산직 직원을 채용할 때 학창시절 출결을 가장 우선적으로 본다는 이야기도 있다.[15] 그런데 지금 생각해보면 개근상은 그저 '개미'를 키우기 위한 상이 아닐까.

한국의 '밤 문화'는 세계적으로 유명하다. 한밤중에 길거리를 돌아다녀도 안전한 치안 덕분이다. 나는 그에 못지않게 한국의 '야자'(자율을 빙자한 '야간 타율 학습') 문화가 한국이 밤의 천국이 된 데 크게 기여하고 있다고 생각한다. 야자다 학원이다 해서 아이들이 도통 집에 붙어 있을 시간을 주지 않는다. 그러니 밤에 돌아다니는 것이 익숙하고, 집에 있는 시간이 없으니 집에서 어떻게 시간을 보낼지 모른다(해봐야 게임이나 카톡, SNS일 것이다). 대학에 가도 저녁에는 도서관이나 학원, 아니면 호프집이나 클럽에 다녀야 직성이 풀린다(집에 있으면? 게임한다. 그러다 나간다. 게임도 게임방에 가서 해야 더 재밌다). 취직을 한 후에는 야근과 회식이 기다리고 있다. 이렇게 밤 도깨비들이 넘쳐나니 밤 산업이 발달할 수밖에 없던 게 아닐까.

한국인들은 매우 성실하다. 남부 유럽과 남부 유럽에서 건너간 사람들이 많이 사는 남미에는 아직 '시에스타siesta'라는 낮잠 문화가 남아 있다. 호주에서는 회사와 상점들이 대부분 오후 4시만 되면 문을 닫는다. 유럽에서는 해진 뒤 저녁에 장을 볼 수 없는 곳이 많다. 한 번은 캐나다 토론토에 친구를 만나러 갔는데,

개근상을 타려면 다른

밤이 되자 도심의 빌딩들에 환하게 불이 켜져 있는 걸 보고 친구에게 물어봤다.

"우와. 캐나다 사람들도 일벌레인가 봐."

"저거? 그냥 켜둔 거야. 다들 퇴근하고 불을 꺼두면 도시가 너무 어둡고 삭막하기 때문에 밤에 불을 켜두면 시에서 전기요금을 깎아준대."

1994년 서태지와 아이들은 〈교실 이데아〉에서 이렇게 노래했다.

> "매일 아침 일곱 시 삼십분까지
> 우릴 조그만 교실로 몰아넣고
> 전국 구백만의 아이들의 머릿속에
> 모두 똑같은 것만 집어넣고 있어
> 막힌 꽉 막힌 사방이 막힌
> 널 그리고 우릴 덥석 모두를 먹어 삼킨
> 이 시꺼면 교실에서만
> 내 젊음을 보내기는 너무 아까워
> 좀더 비싼 너로 만들어주겠어
> 네 옆에 앉아 있는 그 애보다 더
> 하나씩 머리를 밟고 올라서도록 해
> 좀더 잘난 네가 될 수가 있어
> (…)
> 국민학교에서 중학교로 들어가면

고등학교를 지나 우릴 포장센터로 넘겨

겉보기 좋은 널 만들기 위해

우릴 대학이란 포장지로 멋지게 싸버리지

이젠 생각해봐 '대학' 본 얼굴은 가린 채

근엄한 척할 시대가 지나버린 건

좀더 솔직해봐 넌 알 수 있어"

26년 전 이 노래 가사에서 바뀐 것은 '국민학교'가 '초등학교'로 바뀌었다는 것과 저출산으로 아이들과 학생들이 더 이상 '구백만'이 아니라는 것 외에 뭐가 있을까. 서울북공업고등학교를 다니던 정현철은 학교를 박차고 나왔다. 펜과 렌치를 버리고 기타와 마이크를 쥐었다. 그는 서태지가 되었고 백만장자 베짱이가 되었다.

Touch! Touch! Touch! Touch! Touch! Touch! Touch! Touch! Touch! Touch! Touch! Touch! Touch!

2장

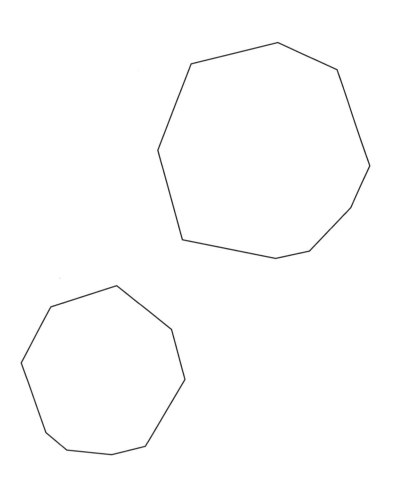

배달 ON 배달 OFF, 배달의민족

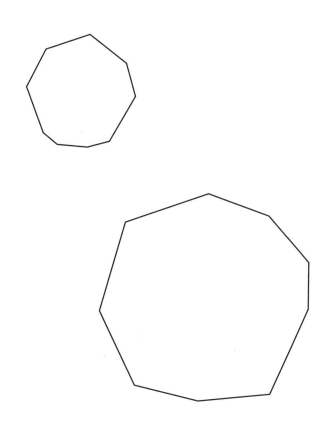

13. 내가 원할 때, 달리고 싶은 만큼만

"시간당 평균 1만 5,000원."

배민커넥터 모집 웹사이트에 나와 있는 홍보 문구다.

"내가 원할 때, 달리고 싶은 만큼만. 시간 날 때 한두 시간, 가볍게 운동 삼아 한두 시간, 가볍게 주말 오후 한두 시간, 함께해요 배민커넥트!"

이 또한 배민커넥터 모집 홍보 문구다.

고된 육체노동에도 최저임금에서 벗어날 수 없는 쿠팡 물류센터 일에 대한 실망이 커지고 있을 무렵, 배민커넥터는 매력적인 대안으로 다가왔다. 시간당 1만 5,000원이면 쿠팡 물류센터 시급의 2배 가까이 된다. 게다가 "내가 원할 때, 달리고 싶은 만큼만"이란다. 매일 오전 8시부터 오후 7시까지 답답한 물류센터에 갇혀 있어야 하는 것과는 비교가 되지 않는다. 이야! 그렇게 목 놓아 부르짖던 '노동해방' 아닌가. 브라보! 4월 무렵 나는 배민커넥터를 하기로 결심했다.

배민커넥터는 자전거, 전동킥보드, 자동차 등 자신이 소유한 운송 수단으로 주문을 받아 배달을 하는 일이다. 자동차는 효율적인 배달 수단이 아니고, 도보는 힘들고 시간이 오래 걸려 자전거나 전동킥보드 이용자가 많다. 나는 자전거 타는 것 하나는 자신이 있다. 내게는 10년이 넘었지만 여전히 튼튼한 자전거 한 대가 있고, 한동안 왕복 40킬로미터 거리를 자출(자전거 출퇴근)한 풍부한 경험이 있었다.

배민커넥터 등록은 간단하다. 계좌번호 같은 개인정보 몇 가지와 일하고자 하는 지역을 입력해 신청하면 된다. 예전에는 등록 승인이 떨어지면 배민라이더 교육장에 나가 1시간 정도 교육을 받은 뒤 배달 가방, 헬멧, 배지 등을 지급받아 바로 일을 하는 시스템이었다. 교육을 받으면 교육수당으로 1만 원이 지급됐고, 가방과 헬멧 등은 보증금 3만 원을 내고 대여하는 방식이었다.

그러나 코로나 사태로 이 시스템에 변화가 생겼다. 커넥터 교육은 온라인 동영상으로 대체됐고, 교육수당 지급은 없어졌다. 교육장에 갈 수 없으니 가방과 헬멧 등 배달 용품은 온라인으로 주문을 해야 하는데, 유료 판매로 바뀌었다.

배달 가방은 1만 9,900원, 헬멧을 더하면 2만 9,000원, 우비까지 풀세트로 주문하면 3만 1,000원이다(물품 가격은 계속 변화하니까 개인마다 차이가 날 수 있다). 다소 비싼 감이 있었는데, 배민 측에서는 "원가 이하로 판매하고 있다"고 했다(정말 '원가 이하'인지 의심스럽지만 일을 그만두면 배민이 다시 중고 가격으로 사주기는 한다).

헬멧은 원래 내가 쓰던 것을 쓰기로 했고 가방만 주문했다. 집에 가방이 많이 있지만 음식을 넣고 등에 맨 채 배달할 만한 크기의 가방은 없었다. 그리고 "배달왔어요"라는 것을 알릴 수 있는 장치가 필요하기도 했다. 개인적으로 '업에 맞는 복장'은 중요하다고 생각한다. 떡볶이를 배달시켰는데, 배달원이 슈트에 넥타이를 매고 집 앞에서 초인종을 누르고 있다면? 나라면 문을 열어주지 않을 것 같다.

14. 긴장 속에 마친 첫 배달

금요일 저녁 6시. 누가 봐도 '배달부'라고 생각할 만큼 차려 입고 배민 가방을 매고 자전거를 끌고 길을 나섰다. 음식점들이 몰려 있는 동네 번화가에 도착해 '배민라이더스' 어플리케이션을 실행시켰다. 운행스케줄을 오늘 날짜로 잡고 운행신청을 클릭했다. 화면이 주문 대기 상태로 바뀌었다. 스마트폰 들여다보고 있는데 대기창에 주문이 하나도 뜨지 않았다. 그렇게 30분이 속절없이 흘러갔다.

어플리케이션이 제대로 작동되고 있는 건가 싶을 정도로 스마트폰은 고요했다. 일부러 '운행종료' 버튼을 클릭했다가 다시 '운행시작' 버튼을 누르고, 그래도 콜이 뜨지 않아 아예 로그아웃했다가 로그인하기도 했다.

마냥 기다리기 지루해 자리를 털고 일어났다. 자전거를 타고 번화가 주변을 한 바퀴 돌고 있는데, 갑자기 스마트폰에서 "띵동" 하고 알림음이 울렸다. 자전거에서 내려 스마트폰 화면을 확인하니 불과 30미터 떨어진 음식점에서 배차 콜이 떴다. 어떤 식당이고 어떤 음식인지 확인하려고 살펴보고 있는데, 5초도 안 돼 콜이 사라졌다. 콜은 대기창에 10초 동안 노출된다. 그 사이에 먼저 잡지 않으면 다른 배달원이 채가는 경쟁시스템이다.

'아, 첫 배달일 수 있었는데. 놓치다니.' 그렇게 낙담할 찰나 같은 식당 호출이 다시 떴다. 호출을 채갔던 배달원이 바로 취소를 한 모양이었다. 이것저것 가릴 것 없이 냉큼 수락 버튼

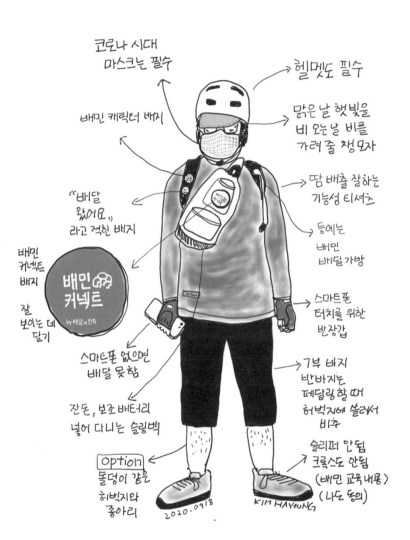

코로나 시대
마스크는 필수

헬멧도 필수

배민 캐릭터 배지

맑은 날 햇빛을
비 오는 날 비를
가려 줄 챙모자

"배달
왔어요,,
라고 적힌 배지

땀 배출 잘하는
기능성 티셔츠

등에는
배민
배달 가방

배민
커넥트
배지

배민
커넥트
by 배달의민족

잘
보이는 데
달기

스마트폰
터치를 위한
반장갑

스마트폰 없으면
배달 못함

기부 바지
반바지는
페달링할 때
허벅지에 쓸려서
비추

잔돈, 보조 배터리
넣어 다니는 슬링백

승리퍼 안 됨
크록스도 안 됨
(배민 교육 내용)
(나도 동의)

Option
돌덩이 같은
허벅지와
종아리

2020.09.18

KIM HAYOUNG

을 눌렀다. 첫 콜을 잡은 순간이었다.

뭐든 처음은 설렘 반 두려움 반. 심호흡을 하며 마음을 가다듬고 '조리요청'을 누른 뒤 천천히 페달을 밟아 배달 주문이 들어온 식당으로 갔다. 식당에 배달 음식을 픽하러 들어가기 전에 다시 한 번 어떤 음식인지 확인했다. 그 순간 '아! 뿔! 싸!' 배달해야 할 음식이 파스타 한 그릇과 피자 한 판이다. 이탈리안 레스토랑이었다.

배민커넥터 동영상 교육을 받을 때 피자나 스시 같은 음식은 피하라고 했다. 배달 가방에 들어가지 않고, 흔들리면 음식이 흐트러져 망가질 가능성이 높기 때문에 커넥터가 배달하기에 적합하지 않다는 것이었다. 음식 종류를 확인하고 당황스러웠지만 취소하기에는 너무 늦었다는 생각이 들었다. 게다가 첫 콜을 30분 넘게 기다려 어렵게 따냈는데 그냥 포기하고 싶지도 않았다. 일단 식당에 가서 사이즈가 얼마나 큰지 확인이라도 해보자고 마음먹었다.

식당 문을 열고 들어갔다. 교육받은 대로 "배민 배달왔습니다"라고 사장님께 인사를 드렸다. 사장님은 "저기 테이블에 있습니다. 음식 일치하는지 영수증 확인하시고요"라며 나를 맞이했다. 영수증과 라이더스 어플리케이션에 표시된 정보가 일치하는지 확인하고 종이 피자 박스와 파스타가 담긴 종이 봉투를 들고 "맞습니다"라고 인사하며 나왔다. 사장님은 내게 "잘 부탁드립니다"라고 친절하게 인사를 건넸다. 인사 한 마디에 막중한 책임감이 느껴졌다. 배달을 잘해야겠구나.

다행히 피자 박스는 프랜차이즈 피자전문점의 패밀리 사

이즈의 큰 피자가 아니라, 이탈리안 레스토랑의 작은 고르곤졸라 피자였다. 구수한 피자 냄새가 확 풍겨 올라왔지만 정신은 온통 '이게 배달 가능한가'에 쏠려 군침을 흘릴 틈도 없었다. 배민 배달 가방은 가방 중간을 가로지르는 지퍼를 열어 확장이 가능하다. 지퍼를 열어 가방을 쫙 펴니 피자 박스가 배달 가방 안에 쏙 들어갔다. 조심히 담고 목적지를 확인했다. 1.4km 떨어진 아파트 단지였다. 자전거 주행 중에 네비게이터를 볼 수 없기 때문에 머릿속에 아파트 단지 위치를 그리며 힘차게 페달을 밟았다.

평소 다닐 때는 오르막을 만나면 내려서 끌고 가면 그만이었기에 지형에 그리 민감한 편은 아니었다. 하지만 촉각을 다투는 배달을 위해 자전거를 타니 얕은 오르막도 힘들게 느껴졌다. 지금 내가 배달하는 음식은 피자와 파스타 아니던가. 식어서 뻣뻣해진 피자, 불어터진 파스타를 누가 좋아하겠느냐 말이다. 허벅지가 터지도록 페달을 밟았다.

목적지에 도착하자마자 자전거는 바닥에 팽개치듯 던져두고 엘리베이터를 잡아탔다. 16층까지 가는데 불현듯 아파트 동 번호를 확인하지 않았다는 불안감이 밀려들었다. 배달 요구 사항에 "집 앞에 두고 초인종을 눌러주세요"라고 적혀 있었는데, 잘못 배달하면 낭패다. 이런 걱정이 든 이유는 비슷한 경험을 했기 때문이다.

하루는 퇴근하고 집에 갔는데 집 앞에 피자 한 판이 배달돼 있었다. 아내는 야근을 하느라 늦게 들어온다 했다. 집에서 피

야간 안전을 위한
라이트는 필수

배달가방
야간 안전을 위한 반사띠
(달랑 한줄. 좀 더 딥지)

ELFAMA

배민
커넥트

펑크 한 번 나면
2건 배달료 날아감 ㅠㅠ

2020.09.01

가운데 지퍼를
열면 확장.
작은 피자 박스 들어감

KIM HAYOUNG

▷ 배민 배달 가방 (백팩)
　# 그냥 주지 않음　# 돈 주고 사야 함　# 26,400 (가격인상 / 반납시 14,300 환불)
　# 없으면 불편　# 우버 이츠 가방이 더 멋졌어 보임　# 디자인의 배민 _ 이라더니

자를 시킬 사람이 없는데 웬 피자인가 싶었다. 피자 박스를 들어보니 기름진 치즈 냄새가 확 풍기는 것이 식욕을 돋우었다. 영수증을 살펴보니 "집 앞에 두고 초인종을 눌러주세요"라고 배달 주문사항이 적혀 있었다. 배달원이 두고 초인종을 누르고 가버린 모양이었다.

아직 따뜻한 온기가 남아 있는 걸 봐서는 배달온 지 얼마 안 된 것 같았다. 그런데 자세히 살펴보니 아파트 호수는 같은데 동수가 달랐다. 옆 동으로 가야 할 피자가 배달원 착오로 우리 집으로 온 것이다. 안 그래도 저녁을 어떻게 해결할까 고민 중이었는데, 그냥 먹어버려? 음. 그럴 수는 없지. 영수증에 나와 있는 피자 가게에 전화를 했다.

"배달이 잘못 온 것 같아요."

"아, 네. 전화해주셔서 감사합니다. 그냥 거기 두시면 배달원에게 전화해서 다시 배달하라고 할게요."

그 순간 그건 좀 아닌 것 같았다. 배달원이 다시 오려면 시간이 꽤 걸릴 것 같았고, 그 사이에 피자가 식기라도 한다면 여러 사람이 피곤해질 것 같았다. 식어서 뻣뻣해진 피자 맛이 머릿속에 그려지며 저절로 눈살이 찌푸려졌다.

"그러지 마세요. 그냥 제가 옆 동에 갖다 드릴게요."

"아, 그래주시겠어요? 정말 감사합니다."

불현듯 이 기억이 떠오르면서 '아파트 동수를 다시 확인해야겠다'는 강박이 생겼다. 내가 첫 배달을 나간 곳은 지은 지 20년이 넘은 아파트였다. 아파트 근처에 심은 나무들이 6~7층 높이로 자라 동수를 적어놓은 숫자를 가리는 바람에 확인이 쉽지 않았다(아파트 단지에 메타세쾨이어 같은 키 큰 나무는 안 심었으면 좋겠다). 아무래도 불안해 다시 엘리베이터를 타고 내려오려고 하는데 마침 엘리베이터에서 사람이 내리길래 물어봤다.

"여기 혹시 1609동인가요?"

"네. 맞습니다."

안도의 한숨을 쉬면서 주문한 호수를 찾아 음식을 내려놓고 초인종을 눌렀다. 그런데 이건 또 뭔가. 분명 초인종을 눌렀는데 초인종 소리가 안 난다. 고장 난 건가? 다시 불안해졌고 초인종을 몇 번 더 눌렀다. 그런데 초인종 소리가 밖에는 잘 들리지 않고, 집 안에서는 잘 들리는 모양이었다.

불쑥 문이 열리더니 주문한 분이 나왔다. 눈이 마주쳤다. 하아, 집 앞에 두고 초인종을 눌러달라는 것은 불필요한 접촉을 피하고 싶다는 취지였을 텐데…. 나는 얼른 "맛있게 드세요"라고 말한 뒤 도망치듯 복도를 지나 엘리베이터로 향했다. '어쨌거나 맛있게 드셨기를. 식지 않게 하려고 허벅지가 터지도록 페달을 밟아가며 배달왔답니다.' 그렇게 나의 첫 배달을 무사히 마쳤다.

15. 초짜인 거 티 나요?

첫 배달을 간 곳은 이른바 '역세권', 제법 큰 번화가 근처였다. 대형 마트가 두 개에 극장도 있어서 유동인구가 많고 상권도 더 넓게 발달한 곳이라 당연히 음식점도 많았다. 물 한 모금 마시며 숨을 돌리는 동안 라이더스 어플리케이션을 들여다보니 계속해서 배달 콜이 떴다. 그런데 뜨자마자 게 눈 감추듯 콜이 사라졌다. 그만큼 배달원들의 콜 잡기 경쟁이 치열했다.

　　그렇게 아쉬움에 입맛만 쩝쩝거리고 있는데 다시 콜이 떴다. 이번에는 잽싸게 낚아챘다. 내가 있는 곳에서 100여 미터 떨어진 곳에 있는 마라탕 식당 콜이었다. 사실 이전에도 같은 식당의 콜이 떴는데 주저하다가 놓쳤다. 마라탕은 먹어본 적도 없고, 배달을 가는 포장 용기가 어떻게 생겼는지 감이 오지 않았기 때문이다.

　　그렇게 몇 번 놓치고 난 뒤에야 '그래 봐야 탕인데 플라스틱 1회용 대접에 나오겠지'라고 생각하며 무조건 콜을 잡았다. 생각이 너무 많다. 일단 부딪혀보자고 마음을 고쳐먹었다.

식당은 2층에 있었다. 그 건물에는 다른 중국집도 있었고 옆 건물에도 중국집들이 몇 개 더 있었다. 마라탕 배달 콜이 들어온 곳은 매장 크기가 그리 크지 않아 보였다. 마라탕을 전문으로 하고 배달 매출이 높은 곳 같았다. 나 말고도 다른 배달원이 와서 음식이 나오길 기다리고 있었다. 자전거 헬멧을 쓰고 어리버리한 표정으로 들어서는 내게 먼저 와서 기다리던 배달원이 말을 건네주었다.

"오늘 콜 많이 들어와요?"

방금 생애 첫 배달을 한 주제에 초보처럼 보이고 싶지 않아 거들먹거리며 답했다.

"오늘 콜이 별로 없네요."

엄밀히 말하면 거짓말은 아니다. 인터넷에 올라와 있는 후기들을 보면 스마트폰 라이더 어플리케이션 대기창에 콜이 대여섯 개씩 쌓여 있어 골라 다닌다던데, 첫날 내가 경험한 바로는 콜이 가뭄에 콩 나듯 떴으니까. 그런데 그 배달원은 내가 초짜임을 금방 눈치챘을까?

"커넥터신가봐요."

"네."

"요즘 커넥터들 콜 잡기 힘들죠?"

'콜 잡기 힘들지 않냐'고 물어본 것은 2020년 초 배민커넥터 정책이 바뀌었기 때문이다. 배민커넥터를 도입한 초창기에는 커넥터 모집을 위해 프로모션 요금제를 실시하며 추가 보너스를 주기도 하고, 2킬로미터 이내 단거리 배달 콜은 커넥터에게 우선적으로 노출시키는 우대 정책을 폈단다. 배달에 소요되는 시간이 곧 수익과 연결되는 배달 시장에서는 2킬로미터 이내의 콜을 '꿀 콜'이라며 반겼을 터. 그런데 이걸 커넥터에게 우선 배정을 하니 '차별'이라는 불만이 터져 나왔고 결국 정책이 바뀐 것이다.

잠깐 대화를 나누던 사이 말을 걸던 배달원은 음식이 나와서 식당 안으로 들어갔다. 그는 능숙한 손놀림으로 식당 사장님이 마라탕을 랩으로 둘둘 말아 포장하는 걸 도와준 뒤 음식 봉지를 받아들고 잽싸게 배달을 떠났다. 나는 3분 정도를 더 기다려 음식을 받았다. 앞서 본 풍경이 있어서 나도 포장을 도와주려고 했는데, 사장님이 내가 초보인 것을 단번에 눈치채셨나 보다.

"그냥 두세요. 제가 알아서 할게요."

민망해서 잠깐 서 있다가 영수증을 확인하려 하는데 다시 들려오는 목소리.

"맞아요. 가져가시면 돼요."

더 민망해져서 마라탕이 담긴 봉투를 들고 나오는데 뒤통수에 사장님 목소리가 들린다.

"잘 부탁드려요."

민망함은 사라지고 다시 사명감이 불타올랐다.

'식기 전에 갖다줘야 한다.'

음식을 픽업한 뒤에는 배달 소요 시간을 입력하게 돼 있다. 5분, 10분, 15분 등 5분 단위로 입력할 수 있고 최장 20분이다. 내가 배달해야 할 목적지는 1.9킬로미터 떨어진 곳으로 커넥터 배달 가능 건수 치고는 최장거리다.

다만 집 근처라 지리를 잘 알고 있는 곳이어서 신호를 잘 받아서 가면 10분이면 도착할 수 있을 것 같았다. 그럼에도 배달 예상 시간을 20분으로 입력했다. 같은 15분이 걸려도 10분 걸린다고 했다가 5분 늦는 것보다 20분 걸린다고 했다가 5분 일찍 도착하는 것이 받는 사람 입장에서는 기쁘지 않겠나. 배달하는 입장에서도 여유를 가질 수 있고. 혼자 이렇게 잔머리를 굴렸다.

어쨌거나 다시 힘차게 페달을 밟았다. 신호에 걸려 조금 지체되기는 했지만 12분 만에 목적지에 도착했다. 주문한 집이 1층이어서 엘리베이터를 기다리는 수고도 하지 않았다. 이번 주문은 배달 요청 사항에 아무것도 적혀 있지 않았다. 초인종을 누르고 문이 열리길 기다렸다가 "주문하신 마라탕 배달왔습니다"라고 꾸벅 인사를 하며 음식을 건넸다. 주문한 사람의 환한 표정이 나를 반겼다. '뭐지? 이 뿌듯한 기분은.' 묘한 감정이 솟았다. 그렇게 순식간에 나의 두 번째 배달이 완료됐다.

16. 누가 나의 고객이 되는가

아파트 단지를 빠져나와 어두운 밤거리로 다시 나섰다. 배달을 시작한 곳으로 돌아가지 않고 이번에는 가까운 다른 전철역 쪽 상권에서 대기해보기로 했다. 새로운 상권도 파악해보자는 의도였다. 그런데 1시간을 기다려도 콜이 뜨지 않았다. 딱 하나 떴는데 스시집의 연어초밥 세트였다. 이건 아무래도 배달하기 무리인 것 같아 고민하는 사이 누군가 낚아채 갔다. 이 세계에서 '생각은 금물'인 것 같다.

1시간을 기다리는 동안 지루해서 자전거를 타고 주변을 슬슬 돌아다녔다. 하나마나한 소리 같지만, 짧은 경험을 통해 배달의 숙련과 전문성은 '지리' 파악 능력에서 온다는 것을 알아챘다. 길을 잘 알아야 1분이라도 빨리 배달할 수 있다. 오래전 스마트폰이 없던 시절, 중국집이나 치킨집에 가면 동네 지번이 깨알같이 적힌 대형 지도가 벽면 한 쪽을 꽉 채우고 있었다. 그러나 숙달된 배달원에게는 지도가 필요 없었다. 머릿속에 지리를 훤하게 그리고 있기 때문이다. 언제 지도 보고 길 외워서 가겠나.

그런데 요즘은 좀 다르다. 특정 배달음식점에 고용된 전속 배달원은 '배달 갈 곳' 지리만 알면 된다. 자기가 속한 식당을 중심으로 움직인다. 하지만 배달대행 전문 배달원은 '배달을 갈 곳'뿐만 아니라 식당들 위치까지 꿰차고 있어야 한다. 식당 위치를 알아야 콜을 잡을지 말지 결정할 수 있고, 콜을 잡은 후에는 식당까지 음식을 픽업하러 가는 데 걸리는 시간과 경로를 가늠할 수 있다. 이게 다 '시간'이다. 게다가 음식의 장르(중식, 일식, 양식, 분식, 음료 등)에 따라 포장 방식이 조금씩 다르기 때문에 식당의 주력 메뉴까지 파악하면 더 좋다.

그래서 콜이 없는 동안 내 고객이 될 식당들 지리를 익히기로 했다. 상가 거리를 돌아다니며 "여기는 치킨매니아, 저기는 60계 치킨, 건너편에는 팔선족발, 저쪽에는 만두김밥"이라고 중얼거리며 배달 주문이 있을 것 같은 가게들을 눈에 담아 익혔다. 그 사이에도 나를 제외한 배달원들은 쉼 없이 식당들을 드나들며 음식이 든 봉투를 실어 날랐다. 다들 바빴다. 나만 손가락 빨고 있었다. "여기는 치킨매니아, 저기는 60계 치킨, 건너편에는 팔선족발, 저쪽에는 만두김밥"이라고 중얼거리며.

내가 바보였다는 걸 깨닫는 데는 하루도 걸리지 않았다. 조금 긴 설명이 필요하다. '배민'에 소속된 배달원은 세 가지 종류가 있다.

첫째, 배민이 직접 고용하는 '배민라이더.' 배민에서 오토바이, 보험료, 유류비, 유니폼 등 배달에 필요한 모든 것을 제공해준다. 정해진 월급을 받으며 일정량 이상 배달을 할 경우 인센티브가 지급된다. 일종의 초과근무수당이라고 보면 된다. 주휴수당과 연월차 등도 다 보장 받는다. 그냥 배민 직원[1]이라고보면 된다. 둘째, 지입제 라이더가 있다. 자기 오토바이로 배달하는 것이고 보험도 자기가 들어야 한다. 셋째, 나와 같은 커넥터다.

직고용 라이더, 지입 라이더, 커넥터 등 고용 형태는 모두 다르지만 이들은 모두 '배민라이더스' 음식점 배달을 한다. 배달의민족 어플리케이션을 켜면 왼쪽 상단에 '맛집배달-배민라이더스'라는 메뉴가 있다. 일반적인 음식점들은 배민에 '광고'를 하고 배달은 알아서 한다. 그러나 이 '배민라이더스'는 음식점들이 배민에 15~16.5%의 수수료를 내고 별도로 입점하면 배민에서 주문과 결제, 배달까지 책임지는 일종의 토털 솔루션 서비스다.

'맛집배달'이라는 수식어에서 알 수 있듯이 배민라이더스는 기존에 배달을 하지 않던 음식점들을 배달 시장으로 끌어들였다. 음식점은 배민 프로그램에서 주문이 들어오면 음식을 조리해 포장만 해두면 된다. 그러면 나 같은 배민라이더나 커넥터가 와서 배달을 한다. 음식점 입장에서는 수수료가 비싼 편이지만 이것저것 신경 쓸 필요가 없어 감히 '배달'을 엄두 내지 못했던 음식점들도 해볼 만하다.

난 그걸 몰랐다. 배민커넥터는 '배민라이더스' 맛집만 배달한다는 것을. 그것도 모르고 내게는 주문이 들어오지 않을 치킨집, 족발집 위치나 외우고 있었으니. 바보가 아니면 뭐란 말인가. 허탈하기도 했다. 저 많은 배달 음식점들이 전부 내 고객일 줄 알았는데, 그게 아니라니. 어쨌든 나는 배달의민족 어플리케이션을 켜고 '배민라이더스 맛집'을 검색해 차례차례 위치를 익혔다.

이미 배달했던 이탈리안 레스토랑과 마라탕집 외에도 인도 요리, 태국 요리, 초밥, 브런치, 해물탕, 쭈꾸미, 순두부, 떡볶이, 빵, 와플, 샌드위치, 차와 커피 등등 다양한 장르가 포진

돼 있었다. 이 음식점들이 배민의 배달 시스템을 공유하는 것이다. 대신 전통적인 배달 음식점인 치킨, 중식, 피자집은 하나도 없었다. 배달을 주력으로 하는 음식점은 자체 배달원을 고용하거나 전문적인 배달대행 서비스를 이용하는 것이 더 경제적이다. 사실 배민라이더스는 일반 배달대행 업체들보다 배달료가 조금 더 세다.

어쨌든 하루 만에 배민의 배달 시스템을 파악해서 다행이라면 다행이다. 이제 본격적으로 페달을 밟아볼까.

17. 사람들은 어떻게 배민을 쓰는가

사흘 정도 일을 하니 배달에 어느 정도 익숙해졌다. 콜이 뜨면 '배차수락'을 누르고 '조리요청'을 한다. 내가 '조리요청' 버튼을 클릭하면 음식점에 설치된 배민 어플리케이션에서 "조리 시~작"이라는 알림음이 울린다. 그때부터 음식점에서는 조리를 한다. 조리 시간은 음식점에서 정하는데, 5분부터 20분까지 다양하다. 조리 시간 안에 음식점에 도착하면 '가게도착'을 누르고 음식이 나올 때까지 기다린다. 도착하면 이미 음식이 준비돼 있는 경우도 있다. 반대로 조리 시간보다 늦어져서 기다려야 할 경우도 있다.

음식이 포장돼 나오면 '픽업완료' 버튼을 누르고 예상 배달 소요 시간을 입력한다. 역시 5분부터 20분까지 5분 단위로 선택할 수 있다. 자전거에 올라타 배달을 한다. 별도의 요청 사항이 없으면 초인종을 누르고 직접 고객에게 전달을 하면 되고, "문 앞에 두고 초인종을 눌러주세요" 같은 요청 사항이 있으면 그대로 하면 된다. 배달을 완료하면 '전달완료' 버튼을 누른다. 이게 기본 과정이다.

코로나 시대여서인지 '비대면 배달'이 늘었다고 한다. 개인적 경험으로는 전체 배달의 60% 정도는 문 앞에 두라는 비대면 배달 요청이다. 비대면 배달은 시간을 단축할 수 있어서 좋다. 보통 초인종을 누른 뒤 문이 열리고 직접 음식을 전달하고 돌아오는 데 10~30초의 시간이 걸린다. 절대적 시간으로는 그렇게 오래 걸리지 않는데, 아파트의 경우 이 10~30초의 시간

동안 엘리베이터가 가버릴 확률이 높아진다. 반면 비대면 배달의 경우 잽싸게 음식을 두고 초인종을 누르면 엘리베이터 문이 닫히기 전에 돌아와 엘리베이터를 잡아타고 내려올 수 있다. 엘리베이터를 타느냐 놓치느냐가 3~5분을 잡아먹는다.

단 비대면 배달의 경우 '착오 배달'을 하지 않도록 항상 신경 써야 한다. 고객에게 직접 전달하는 자체가 '컨펌'이다. 그런데 비대면 배달은 한동안 내가 엉뚱한 데 배달했다는 걸 모르고 지나갈 위험이 있다. 그래서 비대면 배달의 경우 아파트 동호수를 두세 번 체크하고 단독주택이나 빌라인 경우에는 도로명 주소 현판을 꼼꼼하게 확인한다.

배달하는 입장에서 비대면 배달이 효율성 측면에서는 낮지만, 나는 대면 배달이 더 낫다고 느낄 때가 많다. 한 번은 곱창집 콜이 들어왔다. 곱창집에 도착해 음식이 포장되기를 기다리는데 구수한 곱창 냄새가 거리까지 진동을 했다. 5분 정도 기다리자 곱창구이가 포장돼 나왔다. 배달지는 멀지 않았다. 5분 만에 도착했다. 봉투 아래에 손을 받치면 손바닥이 뜨거울 정도로 온기가 그대로 남아 있었다.

초인종을 누르자 안에서 왁자지껄한 소리가 들렸다. 대여섯 살 정도 돼 보이는 남매가 문을 열었다.

"와~ 여기요, 여기!"

"아녜요. 저 주세요."

한두 살 터울로 보이는 남매가 난리가 났다. 서로 손을 위로 뻗으며 곱창 쟁탈전을 벌였다. 음식이 뜨거운지라 나는 봉투를 위로 치켜올린 채 부모가 나오길 기다렸다. 당연히 아이들 음식이 아니라 어른들 음식이라 생각했으니까. 그렇게 아이들과 실랑이를 벌이고 있는데 아이들 아빠가 나와서 음식을 받아갔다. 음식을 전달하고 나오며 문을 살포시 닫는 순간, 안에서 흘러나오는 여자아이의 목소리에 피식 웃음이 나왔다.

"아저씨 나빴어. 곱창 내 건데."

배달을 할 때 배달원을 가장 환하게 맞아주는 이들은 아이들이다. "딩동" 초인종을 누르기가 무섭게 와다닥 달려와 신나게 문을 열고 떡볶이나 와플을 받아들며 "고맙습니다"라고 환하게 웃으며 인사하는 아이들을 보면 피로가 싹 가신다.

그렇다고 어른들의 미소를 무시하는 건 아니다. 한번은 저녁 8시가 넘어서 떡볶이와 순대, 어묵, 튀김 등등 분식만 4만 원어치 배달 콜을 받았다. 목적지는 학원이었다. 아이들이 시켰나 생각하며 배달을 갔다. 그런데 학원은 불이 꺼져 있었다. 어리둥절해하며 학원 문을 열었다.

"배달왔습니다."

"야! 왔어! 왔어!"

40대로 보이는 남자 어른 4명이 모여 있었다. 코로나 때문에 학원은 임시 휴업 중이었고, 선생님들이 모여 회의를 하다 시킨 모양이었다. 4만 원어치의 떡볶이와 순대, 튀김, 어묵이 담긴 봉투를 받아들던 그들의 들뜬 표정이 아직도 눈앞에 어른거린다.

또 언젠가는 순두부 1인 세트를 들고 스크린골프장에 배달을 갔다. 방을 찾아가 문을 여니 50대로 보이는 남성 예닐곱 명이 한창 골프를 치고 있었다.

"배민 배달왔습니다."

"어? 여기요! 이거 봐! 배민이 제일 먼저 왔어. 배민 늦게 온다고 중국집 시킨 놈들 어떻게 된 거냐. 으하하하하!"

즐거워하는 그 모습에 어찌나 뿌듯하던지.

배달을 할 때 성가신 집이 1층 입구가 잠겨 있는 아파트들이다. 주문할 때 비밀번호를 적어주는 고객도 있지만, 그렇지 않은 경우가 더 많다(난 안 적어주는 게 맞다고 본다. 안 가르쳐 줘야 '비밀번호' 아닌가. 시어머니한테도 안 가르쳐준다던데). 그런데 어떤 집은 1층 입구에서 호출해 올라가면 이미 집 문을 열고 밖에서 음식을 기다리는 경우도 있다.

"안녕하세요. 수고하셨습니다."

"맛있게 드세요."

정답게 인사를 나누고 잽싸게 방금 내렸던 엘리베이터를 타고 1층으로 내려온다. 얼마나 훈훈한가. 이런 따뜻한 인사 한마디가 박카스 열 병보다 낫다.

배민의 기본 배달 수수료는 3,000원에서 4,000원이다. 음식점에서 배달비를 부담하는 경우도 있지만 적은 금액이 아니기 때문에 주문 금액이 높을수록 배달비 부담이 낮아진다. 5만 원짜리 해물찜 세트를 시킬 때 배달비 3,000원은 부담스럽지 않지만, 8,000원짜리 떡볶이 1인 세트(떡볶이+어묵+튀김)를 시킬때 배달비 3,000원은 부담스러운 금액이다. 그래도 1인분을 시키는 사람들이 적지 않다.

'배민라이더스'는 치킨 같은 '야식'이 아니라 '식사' 개념이기 때문에 오전 11시에서 오후 2시, 오후 5시에서 오후 8시 등 식사 시간에 주문이 몰린다. 9시면 문을 닫는 음식점도 많다. 그래서 오후 9시 이후에는 콜이 확 줄어든다. 9시가 넘어 나도 슬슬 퇴근 준비(준비랄 것도 없다. 그냥 '운행종료' 누르면 퇴근)를 하고 있는데, 이탈리안 레스토랑 콜이 떴다. 배달지가 집과 반대 방향이어서 할까 말까 잠깐 고민했는데, 그날 저녁 벌이가 시원치 않아 콜을 받기로 했다.

배달할 음식은 파스타 1인분이었다. 음식을 픽업해 배달지로 페달을 밟았다. 전망이 꽤 좋은 고층 아파트 꼭대기층이었다. 전망을 감상할 틈도 없이 초인종을 누르려는데 문 앞에 택배 상자가 잔뜩 쌓여 있고 문에는 메모가 붙어 있었다.

"아이가 자고 있어요. 제발 초인종 누르지 말고 살짝 노크해주세요. 제발요. 아이가 깨면 너무 힘들어요. ㅠㅠ."

메모에서 간절함이 뚝뚝 묻어났다. 살며시 노크를 했다. 너무 살살했나. 혹시 안 들렸을까 봐 다시 노크를 하려는데 문이 열렸다. 사실 배민 어플리케이션에 배달 예정 시각은 물론 배달원의 위치가 실시간으로 표시되기 때문에 언제 도착할지 가늠할 수 있다. 여성 한 분이 속삭이듯 작은 목소리로 "고맙습니다"라며 음식 봉투를 받아갔다. 나는 최대한 조심스럽게 문을 닫았다.

한 번은 떡볶이 1인분 세트를 배달할 때였다. 나도 퇴근길에 사 먹을 정도로 소문난 동네 떡볶이 맛집이다. 엘리베이터에서 내려 문 앞에 도착해 초인종을 눌렀다. 그런데 엘리베이터를 같이 타고 온 남자가 따라와 내 옆에 섰다.

"저희 집에 배달오셨나 보네요."

"아, 그런 것 같네요."

어린아이를 안은 여성분이 문을 열더니 모르는 남자 한 명과 아는 남자 한 명이 같이 서 있는 걸 보고 화들짝 놀랐다.

"어, 당신 일찍 왔네. 오늘 늦는다더니."

"또 시켜 먹는 거야? 차라리 나가서 사 먹지."

'또 시켜 먹는'이라니. 배달하는 입장에서 좀 빈정이 상했다. '얼마나 맛있는데. 당신도 한번 자셔봐. 아마 또, 또, 또 시켜 먹고 싶을 걸.' 혼자 중얼거리고 있는데, 여성분이 날카로운 목소리로 쏘아붙였다.

"○○이 데리고 나가서 혼자 밥 사 먹는 게 어디 쉬운 줄 알아?"

나는 후다닥 자리를 피했다.

'1인분'을 시켜 먹는 사람들이 있다. 체육관을 지키는 태권도 사범, 동네 옷가게 주인, 작은 병원 야간 당번 간호사 등 홀로 직장을 지켜야 하는 사람들. 그리고 아이를 키우는 엄마들. 이들에게 따뜻한 음식을 배달하는 일. 오랜만에 일에서 '보람'이라는 걸 느낀다.

18. 3,000원에 목숨을 건다

동네 맛집이기도 한 떡볶이집은 부부가 함께 10년 넘게 한자리에서 장사를 해왔다. 학원 근처라서 학생 단골들이 꽤 되는 모양이다. 고객 요청사항에 "저 OO이예요. 순대에 간이랑 허파 많이 넣어주세요.ㅋㅋ" 같은 친근한 단골 멘트가 적혀 올라오기도 한다. 배민 어플리케이션의 리뷰도 칭찬 일색이다. 사장님이 댓글도 열심히 다신다(배달 어플리케이션에서 '리뷰'는 매우 중요하다). 얼마나 맛있길래 그런지 궁금해 직접 사 먹어본 적도 있다(배달하다 보면 '이 집 음식은 꼭 먹어봐야지' 하는 곳이 몇 군데 생긴다).

그런데 이 떡볶이집이 단순히 '맛' 때문에 인기가 좋은 게 아니라는 걸 몇 번 배달해보고 알았다. 자전거를 타고 픽업을 가면 항상 내 안부를 물어보신다.

"아이고, 오늘 날씨가 푹푹 찌는데 힘들겠어요."

"오늘은 그래도 좀 선선하네. 자전거 탈만 하겠어."

"오늘 주문 많아요? 힘들어 보이네요."

그리고 음식을 픽업해 자전거에 올라타면 언제나 내 뒤통수에 대고 인사를 하신다.

"안전이 최고예요. 천천히, 조심해서 다녀요."

주인 부부는 분명 떡볶이에 '착한 심성'이라는 조미료를 더하고 있는 게 분명하다.

자전거로 배달을 하면 사람들은 세 가지를 궁금해한다. 첫째,

힘들지 않은지. 둘째, 배달이 오래 걸려 음식이 식지 않는지. 셋째, 위험하지 않은지.

힘들지 않냐고? 물론 힘들다. 무척 힘들다. 우리 동네에 언덕길이 이렇게 많은 줄 몰랐다. 한 달 정도 일한 뒤 무릎이 아파 보름 정도 쉰 적도 있다. 대신 살이 죽죽 빠졌다. 하루 10건 이상 배달을 한 날은 1킬로그램씩 체중이 줄었다. 돈 쓰면서 운동하지 않고 돈 벌면서 운동하고 싶으면 배민 자전거 커넥터, 나쁘지 않은 대안이다.

시간이 오래 걸려 음식이 다 식지 않느냐고? 자전거나 전동킥보드 커넥터의 경우 음식점에서 반경 2킬로미터 이내의 콜만 노출이 되고, 도보 커넥터는 반경 1킬로미터 이내의 콜만 주어진다.[2] 배달 제한 최장 시간은 20분이다. 배달을 하면서 한 번도 20분을 넘긴 적이 없다. 처음에는 불안해서 웬만하면 배달 예상 시간을 20분으로 입력하고 달렸는데, 요즘은 2킬로미터 정도의 거리도 웬만하면 15분으로 입력하고 달린다. 1킬로미터 이내 거리는 5~10분으로 입력하고 내 혼자 '기록 단축' 놀이를 하곤 한다. 물론 자전거는 오토바이보다 느리다. 그런데 경험상 2킬로미터 이내 거리에서는 그래 봤자 2~5분 차이다.

이 대목에서 의문을 갖는 독자들이 많을 것이다. 주문하면 맨날 40~50분 걸린다고 하고 어떤 때는 1시간도 넘게 걸리던데? 이런 경우는 주문이 밀려 조리 시간이 오래 걸리거나 라이더가 '묶음 배송'을 하기 때문이다. 배달대행을 하는 오토바이 라이더들은 보통 한 번에 3~5개를 배달하는 경우가 많다. 많게는 7~8개도 배달통에 넣고 달린다. 음식점을 돌며 픽업하는 데도 시간이 걸리고 각 집마다 순차적으로 배송하는 데는 시간이 더 걸린다. 당연히 늦을 수밖에 없다.

'한 집 배달'만 하는 경우에는 주문하고서 조리하는 데 10~15분, 배달하는 데 10~15분, 총 20~30분이면 배달이 가능하다. 그래서 '쿠팡이츠'는 '한 집 배달'을 원칙으로 한다. 후발 주자로서 배달 품질을 높여 차별화를 하겠다는 전략이다. 대신 배달료가 비싸다. 당연하다. 나도 몇 번 '묶음 배달'을 한 적이 있다. 한 음식점에서 동시에 조리해 음식이 나오고, 두 군데 다 배달해도 총 시간이 20분을 초과하지 않는 선에서만. 사실 자전거 타고 배달 가방 등에 매고 3~4개 묶음 배달을 하는 건 쉽지도 않고, 배민은 3개 이상의 주문 동시 처리(묶음 배달)를 금지하고 있다.

위험하지 않으냐고? 자전거를 타고 도로를 달리고 골목길 구석구석을 누비는 일은 물론 위험한 일이다. 개인적으로 자전거 탈 때 원칙이 하나 있다.

'자동차와 싸우려 들지 말자.'

도로 가장자리에 바짝 붙어 달리고, 함부로 차를 추월하려 무리하게 도로 안쪽으로 방향을 틀지 않으며, 주변을 살피지 않은 채 무턱대고 우회전하는 차들을 조심하자. 내 책임이 전혀 없어도 차와 부딪히면 골로 가는 건 나다. 자전거 사고는 큰 부상으로 이어지기 때문에 안전에 항상 신경을 써야 한다. 무엇보다 마음이 급해서는 안 된다.

오토바이가 오히려 더 위험하다. 마음이 급하기 때문이다.

평소 인도로 달리는 오토바이, 사람 건너는 횡단보도를 가로지르는 오토바이, 자동차로 운전하고 다닐 때 좁은 틈으로 비집고 들어오는 오토바이 라이더들이 성가셨다. 그런데 내가 직접 배달을 하다 보니 그들의 행태를 유심히 관찰하게 됐다.

신호가 빨간 불로 바뀌어 차들이 줄을 지어 정차를 하면 차들 사이로 비집고 들어가 줄 맨 앞으로 나간다. '차간 주행'이다. 좁은 틈을 비집고 다니기 위해 사이드미러를 핸들 안쪽으로 접거나 아예 떼고 다니는 오토바이도 제법 된다. 신호대기를 하고 있으면 배달대행 프로그램 회사 로고가 붙은 오토바이들이 정지선 앞에 한 대씩 착착착 쌓인다. 마치 배달대행 회사 박람회라도 열린 것 같다. 나는 가끔 '부릉', '바로고', '생각대로', '프로' 등 배달대행 회사 4대가 한꺼번에 모이는 풍경을 보면 "빙고"라고 외치거나 "그랜드슬램을 달성했군"이라고 중얼거린다. 그리고 어떤 라이더가 제일 먼저 치고 나갈지 혼자 내기를 걸곤 한다.

"음. 이번에는 '생각대로'가 쩰 것 같은데."

"저 친구, 종종 보던 라이더네. 이번에는 100% '바로고'다."

'쩨다'는 라이더들 사이에 신호위반을 뜻하는 은어다. '깐다'라고도 한다. 신호 바뀌기 직전 예측 출발 정도는 양반이다. 반대편 차선에 차량 흐름이 살짝 끊어지는 잠깐의 틈만 있어도 번개처럼 튀어 나간다. 3,000원에 목숨을 건다.

19. 월 450만 원의 허상

배달대행 라이더들에게 인기 있는 오토바이 중 하나가 '피돌이'라고 불리는 '혼다 PCX 125' 기종이다. 원래 배달 오토바이의 대명사는 '씨티100'이다. '중국집 오토바이'나 '우체국 오토바이'라고 불릴 정도로 배달 업계에서 광범위하게 쓰인다. "기름 냄새만 맡아도 간다"라는 말이 있을 정도로 연비가 좋고 내구성도 뛰어나다.

하지만 배달대행 세계에서는 '씨티'의 인기가 별로다. 대신 PCX의 인기가 좋다. 씨티 시리즈가 배기량 98~110cc 정도인데 PCX는 125cc 급으로 힘이 좋다. 변속 방식도 PCX는 무단자동변속 방식이다. 이 두 가지 요인으로 초반 가속력에서 큰 차이가 난다. 한 마디로 PCX는 정지 상태에 있다가도 '땡기면' 총알처럼 튀어나갈 수 있다. 그래야 신호를 '째기' 좋다. 요즘 거리에서 많이 보이는 야마하의 NMAX(엔맥스)도 '피돌이'와 비슷한 스타일과 성능을 갖고 있는데, ABS 브레이크를 채택하고 있어 인기가 높아지고 있다. 좋은 건 물론 비싸다. 100cc급 오토바이는 180만 원 선에서 구입할 수 있는 반면, 피돌이와 엔맥스는 대당 가격이 400만 원이 넘는다.

그런데 오토바이보다 더 비싼 건 보험료다. 보험에는 크게 세 종류가 있다. 가정용, 무상운송용, 유상운송용. 가정용은 일반 자동차보험처럼 그냥 개인이 출퇴근이나 여행 등 일상 목적으로 사용하는 오토바이에 대한 보험이다. 무상운송용은 라이더를 직접 고용해 배달하는 중국집이나 치킨집이 드는 보험이

2020.0325 KIM HAYOUNG

배달대행 라이더계의 베스트셀링 바이크 HONDA PCX. 일명 '피둘이'
대당 가격이 400만 원이 넘는다. 그래도 출력이 좋고 연비가 높아 인기.
몽골 기병은 전장에서 말 위에서 잤다는데 소속 식당 없이 콜 대기를 하는
배달대행 라이더들은 바이크 위에서 쉰다.

다. 자기네 음식만 배달하기 때문에 사고율이 비교적 낮다. 건당 수수료를 받고 여러 음식점의 배달을 처리하는 배달대행의 경우 유상운송보험에 가입해야 한다. 이게 보험료가 엄청나게 비싸다.

유상운송보험은 책임보험과 종합보험으로 나뉜다. 책임보험은 '대인 I'만 가입되고 '대인 II'는 제외다. 대물도 2,000만 원이 한도로, 말 그대로 최소한의 책임을 지는 보험이다. 만약 큰 사고가 나면 사실상 라이더가 다 책임지고 물어내야 한다. 종합보험은 '대인 II'까지 보장되고 대물도 1~2억 원까지 가입할 수 있다. 책임, 종합 둘 다 비싸지만 특히 종합이 훨씬 비싸다. 얼마나 비싸냐 하면 입이 딱 벌어질 수준이다.

나는 준중형급의 국산차를 갖고 있는데 자동차 보험료로 연간 60만 원을 넘게 내본 적이 없다. 그런데 오토바이로 배달대행을 할 경우 얼마나 나올지 호기심으로 보험회사 견적을 내봤더니 유상운송보험의 종합보험으로 270만 원의 견적이 나왔다. 책임보험으로만 한정해도 170만 원이다. 이건 내가 나이가 마흔이 넘고, 보험 가입 경력이 길고, 사고가 별로 없어서 이정도다. 나이가 어릴수록 보험료가 올라간다. 20대 초반이면 1,000만 원이 훌쩍 넘어간다고 한다. 400만 원 짜리 오토바이 한 대 모는데 페라리나 람보르기니 급의 보험료를 내야 한다 (물론 페라리나 람보르기니로 배달을 하면 보험료는 1억 원이 넘겠지만).

"보험료 바가지 아냐?"라고 따지면 보험사들도 할 말은 있다. 일반 가정용 보험에 가입한 오토바이는 사고율이 5.2%

정도인데, 유상운송배달용 오토바이의 사고율은 81.9%에 이른다.[3] 대부분이 1년 안에 사고 한 번은 낸다는 이야기다(비유상운송보험은 사고율 18% 수준). 오토바이 사고는 한 번 나면 피해가 크기 때문에 손해율도 높다. 보험업계의 주장에 따르면 유상운송배달보험의 손해율은 150%(가정용과 비유상은 82~85%)에 달한다.[4] 보험회사 입장에서는 차라리 안 팔고 싶은 보험일 수 있다(그래도 파는 건 어쨌거나 시장이 있고 수요가 있기 때문에 일단 시장 점유율을 유지하기 위해서란다).

자, 계산기를 두드려보자. 배달대행을 하기 위해서는 400만 원을 주고 오토바이를 사야 하고, 300만 원을 들여 보험에 가입해야 한다. 일단 700만 원이 있어야 배달대행을 시작할 수 있다. 일을 하는 동안에는 휘발유 값이 들어가고(연비가 리터당 40킬로미터 안팎으로 훌륭하긴 하지만), 엔진오일도 갈아줘야 하며, 타이어 교체 등 수리유지비도 들어간다. 연간 오토바이 유지비가 적어도 800만 원 정도 들어간다는 이야기다. 오토바이 가격을 180만 원 선으로 낮춰도 600만 원은 있어야 한다. 오토바이 가격을 낮췄지만 나이가 20대 초반이라면 보험료가 올라가 1,000만 원 아래로 맞추기 어렵다.

그래서 배달대행사들은 오토바이를 빌려준다. 렌탈 혹은 리스 방식으로 운영을 하는데, 요금에는 오토바이 임대료, 보험료, 수리비 등이 모두 포함돼 있다. 역시 관건은 보험료. 나이가 어리면 보험료가 올라가 요금이 비싸지고, 나이가 많으면 상대적으로 적은 요금에 빌릴 수 있다. 요금 단가는 하루 단위

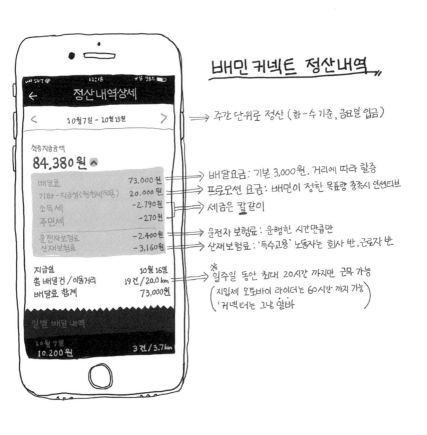

배민 커넥트 정산내역

→ 주간 단위로 정산 (화~수 기준, 금요일 입금)

→ 배달요금: 기본 3,000원. 거리에 따라 할증
→ 프로모션 요금: 배민이 정한 목표량 충족시 인센티브
→ 세금은 칼같이

→ 운전자 보험료: 운행한 시간만큼만
→ 산재보험료 : '특수고용' 노동자는 회사 반, 근로자 반

※ 일주일 동안 최대 20시간 까지만 근무 가능
(지입제 오토바이 라이더는 60시간 까지 가능)
'커넥터는 그냥 알바

로 매겨지는데 보통 2만~3만 5,000원 수준이다.

다시 계산기를 두드려보자. 한 달에 25일 일한다고 치고 (배민 직고용 라이더를 제외하고 배달대행 세계에 주5일 근무는 거의 없다고 보면 된다), 리스료가 하루 3만 원이라면 리스료만 한 달에 75만 원이 들어간다. 주유비도 들어간다. 얼마나 배달을 많이 하느냐에 따라 다르지만 한 달에 15만 원 정도는 들어간다. 한 달 최소 비용으로 90만 원 정도 든다는 이야기다. 그러면 수익은 얼마나 날까? 배달료는 거리와 주문 폭주 정도에 따라 조금씩 달라지긴 하지만 대부분 3,000원이다. 하루에 30건을 한다 치면 할증 붙는 콜까지 더해 10만 원 정도, 한 달 (25일)이면 250만 원이다. 여기서 고정 비용 90만 원을 빼면 한 달에 쥐는 돈은 160만 원이다.

주 5일 근무도 아니고 주휴수당도 없이 25일을 꼬박 일해서 160만 원을 벌면 최저임금도 안 된다. 그래서 배달대행을 하려면 최소 하루 50건은 잡아야 한다. 50건을 잡으면 하루 18만 원(장거리 배달 할증료 포함), 한 달에 450만 원 매출을 올릴 수 있다. 그러면 고정비용 100만 원(기름값, 정비비 추가)을 빼고 350만 원을 벌 수 있다.

'월 수입 450만 원'이라는 배달대행 회사들의 광고를 종종 볼 수 있다. 실제로 이렇게 버는 라이더들이 있다. 그런데 이게 신호를 꼬박꼬박 지키고 차간 주행이나 인도 주행을 하지 않고 묶음 배달을 자제하며 안전하게 배달을 해서 번 돈일까? 배달대행을 전업으로 하는 라이더들은 오전 10~11시에 나와 오후

11~12시까지도 일을 한다. 하루 12~13시간을 쉬지 않고 일하는 건 아니다. 배달 주문 피크 타임이 있다. 오전 11시에서 오후 2시까지가 점심 배달 피크타임이고, 오후 5시에서 8시까지 저녁 배달 피크타임이다. 오후 8시부터~11시까지는 치킨이나 족발 같은 야식 배달 피크타임이다.

피크타임이 하루 8시간이라고 하면 8시간 동안 50건, 즉 한 시간에 6건 이상을 처리해야 한다. 한 번에 여러 건을 묶어서 배달하지 않고서는 처리할 수 없다. 또한 50건을 배달하기 위해서는 주문이 엄청 많은 지역이거나 라이더가 거의 없어서 경쟁이 없는 곳이어야 한다. 경쟁이 없는 곳은 주문도 없다. 돈을 벌려면 주문이 많은 곳에서 일을 해야 하는데, 주문이 엄청 많은 지역은 라이더가 많기 때문에 콜 잡기 경쟁이 치열하다. 그래서 주행 중에도 핸들에 거치된 스마트폰을 보면서 계속 콜을 잡으면서 달린다. 이게 제일 위험하다.

20. 안전은 배달하지 않나요?

2011년 도미노피자의 '30분 배달 보증제'가 사회적 논란이 된 적이 있다. 주문 후 30분 내에 배달을 하지 못하면 피자 한 판당 2,000원을 깎아주고, 45분이 넘으면 아예 돈을 받지 않겠다는 정책이었다. 그래서 도미노피자의 전화번호도 "30분 내에 82(빨리) 배달하겠다"는 의미의 1577-3082였다.

피자를 시켰는데 27분이 지나도 피자가 오지 않으면 은근 기대를 하는 사람들도 있었다. "3분만 더 지나면 2,000원 할인을 받는 건가." 40분이 지나도 피자가 오지 않으면 슬슬 화가 나고 "아예 45분 넘어서 와라. 공짜로 먹게"라는 사람들도 있었다. 실제로 1~2분 차이를 두고 30분 또는 45분을 넘겼네 안 넘겼네 다투는 사례도 있었다. 45분이 넘어 돈을 받지 못한 피자 값은 점포와 배달원이 부담해야 했다.

배달 오토바이 사고가 잇따르자 여론이 악화됐다. 특히 20대 초반, 특히 17~18세의 청소년들이 배달을 하다 목숨을 잃는 사례가 빈번하자 심각한 사회 문제로 대두됐다. "천천히 와도 좋으니 안전하게 배달해달라"는 요구가 빗발쳤다. 전화번호까지 '3082'로 정할 정도로 빠른 배달을 정체성으로 내세웠던 도미노피자는 30분 배달 보증제를 폐지할 수밖에 없었다. 고객들이 천천히 와도 좋다는데 도미노피자 입장에서는 30분 배달 보증제를 고집할 필요가 없다.

그런데 30분 배달 보증제가 비단 고객들만을 위한 서비스였을까? 나는 그렇게 생각하지 않는다. 30분 배달 보증제가 가능했던 이유는 피자의 경우 조리하는 데 15분, 배달하는 데 5~15분이 걸리기 때문이다.

대개 피자 배달은 저녁 6시에서 9시 사이에 몰린다. 배달은 배달을 갔다가 가게로 돌아와야 하기 때문에 1건에 10~30분이 걸린다. 3시간 안에 최대한 많이 배달을 해야 한다. 한 명의 배달원이 피크타임 동안 최대한 많이 배달을 해줘야 물량을 뺄 수 있다. "주문이 밀려서 1시간 정도 걸릴 것 같아요"라는 대답을 들으면 기가 막히게 맛있는 피자집이 아니고서는 주문 취소 확률이 높아진다. 30분 배달 보증제는 고객의 만족뿐만 아니라, 배달원들의 업무 성과 통제를 위한 장치이기도 했던 것이다.

도미노피자 논란으로 나온 "조금 늦더라도 안전을 배달해요!"와 같은 구호가 10년이 흐른 2020년에 다시 등장했다. 배달 오토바이 교통사고가 급증하고 있기 때문이다. 지난 5년 동안 일반 자동차의 교통사고 건수와 사망자 수 모두 꾸준히 줄고 있다. 2016년 4,292명이던 교통사고 사망자는 2019년 3,349명으로 22% 가량 줄어들었다. 그러나 오토바이(이륜차) 사고는 꾸준히 늘고 있고, 해마다 조금씩 차이가 있지만 오토바이 사고 사망자 수도 조금씩 늘고 있다.

2019년 1~4월 107명이 오토바이 사고로 사망했고, 2020년 1~4월은 123명이 사망했다.[5] 15% 정도 늘어난 수치인데, 일반 교통사고 사망자 수가 줄어들고 있는 것을 감안하면 매년 30% 이상 사망 사고가 늘고 있다고도 볼 수 있다. 오토바이 사고 사망자가 늘어나는 것은 오토바이의 품질이 갑자기 나빠지거나 오토바이 운전자들이 과거보다 더 난폭해지거나 스릴을 즐기기 때문이 아니다. 배민, 요기요 등 배달 어플리케이션을 통한 배달 산업이 급성장하고 있기 때문이다. 특히 코로나 사태로 인해 배달 주문이 급증했다. 2019년 3월 6,349억 원이던 배달 주문이 2020년 3월에는 1조 1,858억 원으로 84% 급증했다.[6] 배달대행 라이더들은 대부분 '개인사업자' 신분이기 때문에 정확한 숫자 파악이 쉽지 않다. 2020년 6월 기준 약 10만여 명이 배달을 하고 있고, 이 중 2만여 명 정도가 전업이고 나머지 8만여 명은 '투잡'인 것으로 보인다.[7]

라이더가 급증하고 더 많은 콜을 잡기 위한 속도 경쟁이 펼쳐지면서 도로 위에서 불법 주행 잔치가 벌어지고, 사망자 수가 늘었다. 이로 인해 시민들의 여론이 악화되자 정부도 단속에 나섰다. 그러나 경찰이 오토바이를 단속하는 일은 쉽지 않다. 우리 동네에는 교통량이 특히 많은 목 좋은 사거리가 있다. 동네 중심 상권 세 곳의 무게 중심 같은 곳이어서 배달 오토바이의 통행량이 많은 곳이다. 나는 주문이 뜸할 때는 여기에서 대기를 한다. 세 상권 모든 곳의 콜을 받을 수 있고 이동하기에도 편리하기 때문이다.

여기서 대기하다 보면 종종 경찰의 교통법규 단속 장면을 보게 된다. 신호 째고 다니는 라이더들을 단속하는지 유심히 살펴본다. 거의 5분에 한 대 꼴로 차량들이 단속에 걸렸다. 대부분은 동시신호에 직진차선을 타고 좌회전을 하는 차량들이다. 그런데 신호 째는 라이더들은 단 한 번도 단속되지 않았다. 눈치 빠른 라이더들은 경찰이 있는 걸 보고 얌전하게 신호 바뀌기를 기다리지만, 몇몇 용감한 라이더들은 경찰에 아랑곳하지 않고 신호를 짼다. 좌회전을 하려다 뒤늦게 경찰을 발견하고 흠칫 놀라 직진하는 라이더는 그나마 귀엽다. 하도 답답해서 한 번은 경찰에게 물어봤다.

"왜 저 오토바이들은 단속하지 않으세요?"

"문제죠. 그런데 오토바이는 단속이 쉽지 않아요. 헬멧 미착용 같은 경우에는 빼도 박도 못하는데 신호위반은 안 했다고 우기면 피곤해요. 그리고 무엇보다 사고 위험이 높아서 도망가다 사고 나는 경우가 많아요. 그래서 원칙적으로 오토바이는 도망가면 추격을 하지 않아요."

배달 라이더들이 '영세'하다는 것도 오토바이의 교통법규 위반에 온정적인 이유 중 하나다. 하루 5~7만 원 버는 라이더들에게 딱지 끊으면 하루 일당이 날아가는데 좀 봐줘야 하는 것 아니냐는. 하지만 사고가 늘고 여론이 악화되자 경찰도 특단의 조치를 택했다. 바로 시민 감시단이다. 요즘은 자동차에 블랙박스가 일반화되고 해상도도 높아지면서 최홍만 손바닥만 한 오토바이 번호판도 인식이 잘 된다. 블랙박스로 교통법규 위반을 신고하면 포상금을 주는 제도다.

특단의 조치 효과는 더 지켜봐야겠지만 경찰이 '선포'를 한 뒤에는 라이더들도 조심조심하는 분위기다. 심지어 "배달일 그만두고 교통법규 위반 라이더들을 촬영해 신고하는 것이

더 많이 벌겠다"는 농담 같지 않은 농담을 하는 라이더들도 있으니까.

다만 '단속'의 효과는 오래가지 않을 것이라고 본다. 신호를 째고, 인도를 질주해 횡단보도를 건너고 싶은 욕구 자체는 사라지지 않았기 때문이다. 단속이 느슨해지면 라이더들은 언제든 무법 곡예 난폭 질주를 재개할 것이다. '돈'이 걸려 있기 때문이다.

요즘은 시민의식이 높아져 음식이 조금 늦는다고 뭐라 하는 소비자들은 별로 없다. 배달앱으로 주문을 하든, 전화로 주문을 하든 도착 예정 시간이 미리 안내된다. 40분이 걸린다고 하면 그 사이에 샤워도 하고 설거지도 하고 청소도 하면서 천천히 기다린다. 1시간이 걸린다고 하면 그 사이 장까지 봐와도 된다. 1시간 30분이 걸린다고 하면 시켜야 할지 말지 고민해보고 선택한다. 맛보다 시간이 먼저면 더 빨리 배달할 수 있는 곳에 주문한다. 주문했다가 취소하는 것은 보통 1시간이 걸린다고 했는데 1시간 30분이 지나도 오지 않는 것처럼 '약속을 지키지 않는' 경우가 대부분이다. 소비자들은 정확한 소요 시간만 안내하면 기다릴 준비가 돼 있다.

라이더들이 곡예 운전을 하는 이유는 고객에게 '더 빨리' 배달하기 위해서가 아니라, '더 많이' 배달하기 위해서다. 건당 수수료를 받는 체계에서는 하나라도 더 많이 배달해야 돈을 더 벌 수 있다. 하나라도 더 많이 배달하기 위해서는 한 번에 최대한 많이, 더 빨리 배달해야 한다. 더 많이 배달하기 위해서는 신호대기 2~3분을 줄여야 하고 불법 유턴에 역주행에 인도 주행을 해야 한다. 달리는 중에도 스마트폰을 쳐다보며 콜을 잡아야 한다. 그래야 돈을 번다. 지금처럼 라이더들이 개인사업자이고 건당 수수료를 받는 체계에서는 욕망의 질주를 멈출 수 없다.

21. 거의 모든 것의 배달

배달을 하다 보면 다른 커넥터들과 종종 마주치게 된다. 한번은 파스타 집에서 음식을 기다리다 40대 중반으로 보이는 여성 커넥터를 만났다. 그가 먼저 내게 말을 걸어왔다.

"일한 지 얼마나 되셨어요?"

"한 달이요. 그쪽은 얼마나 되셨어요?"

"저는 8개월쯤 됐어요."

"그래요? 한 번도 못 뵌 것 같은데."

"쉬다가 최근에 다시 나왔어요. 이게 작년까지는 벌이가 괜찮았어요. 건당 최소 5,000원 씩은 쳐줬으니까. 그런데 올해부터 이벤트 요금 없어지고 3,000원, 3,500원 하니까 시간당 수입이 최저임금도 안 되잖아요."

"그렇긴 하죠."

"주간 배달 가능 시간도 20시간으로 줄였잖아요. 그러면 1주일에 15만 원 벌기도 힘들어요. 그래서 배민이 정책 바꾸고 나서 커넥터들이 단체로 일 안 나와버렸잖아요. 올 초에 난리도 아니었어요. 수수료 낮아져서 커넥터들이 단체로 안 나간다고 온라인에서 시위도 하고 그랬어요."

"아, 그래요?"

"네. 인터넷에 커넥터 카페 들어가보세요. 저는 이거 한다고 전기자전거도 80만 원 주고 샀어요. 투자금이라도 뽑으려고 다시 나오기는 했는데."

"전기자전거가 편하긴 한가요?"

"확실히 편하죠. 특히 언덕길에서. 제가 원래 서울 강서구에서 했는데 거기 언덕길 많잖아요. 너무 힘들고 '도가니'가 나갈 것 같아서 큰 맘 먹고 뽑았어요. 관심 있으면 OO 자전거 가보세요. 거기 사장님이 잘 알아요. 잘 골라주실 거예요. 혹시 전기자전거 하실 거면 120만 원 짜리로 하세요. 80만 원 짜리는 배터리가 좀 약해서 반나절 타면 충전하러 들어가야 돼요."

"네, 고맙습니다."

"그리고 돈 벌고 싶으면 이 동네에서 하지 말고 서울 시내로 나가보세요. 거기는 콜이 많아서 골라 다녀요. 콜 목록이 죽 뜨는데 좋은 콜 고르는 게 어려울 정도예요. 그리고 혹시 생각 있으면 배민 말고 '쿠팡이츠' 하세요. 쿠팡이츠는 묶음 배달이 안 되는 대신에 건당 5,000~7,000원 줘요. 비 오고 주문 몰리고 그러면 2만 원 까지도 올라간다고 하더라고요. 어차피 자전거로 배민커넥터 하면 묶음 배달도 하기 어려운데 단가로 치면 쿠팡이츠가 낫죠."

"쿠팡이츠요?"

"네, 아직 서울밖에 안 되지만. 혹시 이거 말고 하는 일 있으세요?"

"아니요."

"이걸로는 먹고 살기 힘들 텐데. 그러면 차라리 바로고나 부릉 같은 배달대행을 해보세요. 건당 3,000원 주는 모양인데, 걔네는 한 번에 너댓 개씩 싣고 다니니까. 얘기 들어보니까 못해도 하루에 30건은 하나 봐요. 그래 봐야 보험료에 렌탈비에 이것저것 떼면 얼마 안 되지만."

"네."

"내 거 먼저 나왔네. 수고하세요."

그렇게 '고참'은 가르침을 남기고 휑 하니 떠났다.

쿠팡이 음식 배달 시장에 뛰어들었다. '로켓배송'이니, '로켓와우'니, '로켓프레시'니 이름 붙이기 좋아하는 쿠팡은 '치타배달'이라는 이름을 내걸었다. 치타? 빠르다는 건데. 그럼 도미노 피자의 '3082'처럼 다시 속도 경쟁을 하겠다는 건가?

쿠팡은 배달 서비스의 불만 포인트를 파고들었다. 바로 '한 집 배달.' 배달이 늦어지는 이유가 이 음식점 저 음식점 들렀다 이 집 저 집 들러 배달을 오기 때문이라는 점을 개선해, 한 음식점에 한 집 배달만 하겠다는 것. 그렇게 하면 이미 지적했듯이 조리 15분, 배달 15분, 30분이면 배달이 가능하다. 그런데 이 방식이면 당연히 배달 단가가 올라간다. 그래서 쿠팡이츠는 배달 단가를 기본 5,000~7,000원으로 책정하고 있다.

그러면 소비자와 음식점이 부담해야 하는 배달료가 올라 갈 텐데? 일단 쿠팡은 시장 점유율 확대를 위해 추가 배달료를 자기가 부담하는 형태다. 초기 적자를 감수하고 시장 점유율을 높여 매출을 올리는 방식, 쿠팡의 특기다. 일단 시장 점유율만 높이면 수익을 올릴 수 있는 다양한 꾀를 낼 수 있다. 쿠팡은 '쿠팡 머니' 등 결제 시장까지 진출하고 있다. 쿠팡 생태계를 구축하겠다는 전략이다.

적정 배달 수수료만 보장된다면 라이더 입장에서도 쿠팡이츠는 환영할 만한 대안이다. 음식점 서너 곳을 돌아 서너 집에 배달하는 것보다 한 집 배달을 하는 것이 훨씬 수월하고 안전하다. 묶음 배달을 할 때는 항상 한 묶음의 마지막 배달을 가는 집에 미안함을 느끼곤 한다. 가장 먼저 주문한 집도 동선이 그러면 어쩔 수 없다. 이런 찜찜함도 덜 수 있다.

문제는 소비자와 음식점이 감당할 수 있는 '배달료'의 수준이 어느 정도냐다. 배달대행이 도입되면서 배달료는 2,000원에서 2,500원으로 올랐고 곧 3,000원이 됐다. 중국집, 피자집, 치킨집 등 기존의 배달 음식점들은 배달료를 별도로 받지 않았기 때문에(물론 음식값에 포함돼 있다) 새로 생긴 배달료는 소비자들의 반발을 불렀다. 배달대행을 쓰면 라이더 고용과 오토바이 유지에 들어가는 비용이 줄어들었으니 음식값을 낮추고 배달료를 받아야 하는 것 아니냐는 불만이었다.

심지어 배달대행을 쓰지 않고 여전히 라이더를 고용해 배달하는 음식점들도 배달수수료 2,000원을 별도로 받기 시작했다. 라이더들을 직접 고용하는 음식점들도 나름의 사정은 있다. 배달대행이 널리 퍼지면서 라이더 구하기가 너무 힘들어졌다고 항변한다. 전에는 월급 200~250만 원이면 라이더를 쓸 수 있었다. 그러다 배달대행이 생기면서 실력 좋은 전문 라이더들이 배달대행으로 넘어가 실력 좋은 라이더를 구하려면 월 300만 원 이상이 든다는 것이다(아예 가게를 접거나 알바에게 맡기고 직접 배달대행에 뛰어든 치킨집 사장님들도 있다).

배달비용이 늘었으니 음식값을 올리지 못하면 배달료라도 별도로 받아야 한다는 얘기는 맞다. 게다가 배달앱 시장이 성장하면서 원래 배달을 하지 않던 집들이 배달을 시작했다. 이런 음식점들은 배달비용이 추가되는 것이니 배달수수료를 추가하는 게 맞다. 그리고 음식점이 배달수수료 일부를 부담하기도 하니 음식점 사장님들도 불만이 없는 건 아니다.

음식점 입장에서 생각을 해보자. 라이더를 직접 고용할 경우 월급 250만 원으로 계산하면 배달하는 데 하루 10~12만 원 정도의 비용이 든다. 하루에 30~40건의 배달 주문이 있으면 라이더를 고용해도 된다. 그러나 배달 주문량이 그 밑이면 배달대행을 쓰는 게 낫다. 배달 음식점이 늘어나면서 경쟁은 치열해지고 하루 배달 주문 30건 채우기가 쉽지 않다. 그 이상 늘어나면 파트타임 라이더를 더 고용해야 한다. 따라서 음식점 입장에서는 배달대행을 선호할 수밖에 없다.

이 시장은 계속 성장 중이다. 기존 쇼핑을 생각해보라. 막히는 길을 뚫고 가서 광활한 마트 주차장을 뱅뱅 돌아 어렵사리 주차를 한 뒤 물건을 한 가득 카트에 싣고 돌아온다. 이번에는 다시 아파트 주차장을 뱅뱅 돌아 어렵사리 차를 대고 양손 가득 물건을 들어 집까지 날라야 한다. 그런 번거로움 대신 클릭 몇 번이면 집 앞으로 무거운 물부터 티셔츠 한 장까지 가져다주는 온라인 쇼핑에 익숙해지고 있다. 그리고 짜장면, 치킨, 피자를 넘어 쭈꾸미 볶음에 해물찜, 파스타에 떡볶이까지 가져다주는 배달 음식에 익숙해지고 있다. 배달 포장 기술도 점점 진화하고 있고 배달에 최적화된 음식 레시피도 발달하고 있다.

여기에 또 다른 시장이 급성장 중이다. 배민은 'B마트'를 개설했다. 새우깡에 아이스크림부터 샴푸 등 동네 마트에서 사는 간단한 제품들도 다 배달된다. 1,200원짜리 새우깡 하나 사면서 웬 배달이냐고 하겠지만 이것저것 골라 담아 1만 원 이상 주문하면 이야기가 달라진다. 또한 냉동·냉장 간편식의 영역이 만두를 넘어서 리조또, 브리또, 볶음밥, 냉면 등 다양해지고 있다. 이렇게 주문하면 애피타이저부터 메인메뉴, 디저트까지 나름대로 코스 정식을 구성할 수도 있다.

배민을 인수해 한국 배달앱 시장을 싹쓸이한 독일의 딜리버리히어로는 독일에서 이미 'D마트'를 운영하고 있고 '요기요'를 통해 한국에서도 '요마트'를 연다는 계획이다. GS25, CU 같은 편의점들도 배달을 확대하고 있다. 바야흐로 배달의 시대이고, 배달 주문은 더 다양해질 것이고, 라이더는 늘어날 것이다.

22. 배달로봇은 방명록을 쓰지 않겠지

밤 9시가 넘은 늦은 시간이었다. 퇴근하려는데 콜이 하나 떴다. 와플 가게였고, 배달지는 병원이었다. 좋은 콜은 아니었다. 와플은 생각보다 조리하는 데 시간이 오래 걸린다. 미리 와플을 구워두지 않고 주문을 받으면, 와플을 굽고 고객이 주문한 다양한 토핑을 올리는 데 제법 시간이 걸린다. 한 번은 생크림 위에 슬라이스한 딸기를 한 장 한 장 올리고 있는 걸 보다가 속 터져 죽을 뻔한 적도 있다. 예쁘게 얹은 토핑이 배달하다 뭉개질까봐 걱정도 된다. 생크림 같은 토핑은 시간이 지나면서 와플 번 속에 스며들기 때문에 배달이 오래 걸리면 와플이 눅눅해진다. 토핑으로 아이스크림을 올리는 젤라또 와플도 라이더의 마음을 급하게 한다.

　와플을 주문할 때 커피 같은 음료수도 함께 주문하는 경우가 일반적이다. 음료수도 신경이 쓰이는 배달 품목이다. 주문한 메뉴에는 역시 젤라또 와플이 있었다. 배달지인 병원도 퇴근길과 반대 방향이었지만 일단 콜을 받았다.

병원은 그리 멀지 않았고 최대한 신속하게 이동해 병원 입구에 도착했다. 고객 주문 사항에는 "병원 입구에 도착하면 전화주세요"라고 적혀 있었다. 전화를 걸었다(전화번호는 안심번호로 표시된다).

　"뚜루루루루, 뚜루루루루."

　"고객님께서 전화를 받지 않아…."

다시 걸었다.

"뚜루루루루, 뚜루루루루."

"고객님께서 전화를 받지 않아…."

다시 걸었다.

"뚜루루루루, 뚜루루루루."

"고객님께서 전화를 받지 않아…."

배민 고객센터에 전화해 '고객 부재중'임을 알릴까 싶으면서도 배달 가방 안에서 녹고 있을 젤라또 와플의 젤라또와 아이스커피의 얼음을 생각하면 그럴 수도 없었다. 어차피 배민 고객센터에서는 어디다 두고 가라고 하고 고객에게 전화해 어디 뒀다고 알릴 게 뻔하다. 그러면 차라리 내가 전화해 처리하거나 어떻게든 찾아내 배달하는 게 맞다는 생각이 들었다.

배달 주소를 보니 병원 중환자실이었다. 중환자실로 찾아갈까? 찾아가서 "와플 시키신 분!"이라고 소리를 질러볼까? 그런 적도 있었다. 학교에 배달을 갔는데 배달지인 5층 5학년 교사 연구실에 사람이 아무도 없었다. 전화를 걸어도 받지 않았다. 그래서 5층 복도에서 "파스타 시키신 분!"을 외쳤다(코로나 때문에 휴교 중이어서 가능했다). 그랬더니 각자 자기 교실에 있던 교사들이 우르르 나와 "아이고. 벌써 오셨네요. 죄송해요"라며 파스타를 받아갔다.

그런데 배달 간 병원에서는 그게 원천적으로 불가능했다. 코로나 환자 격리병동이 있는 큰 병원이었다. 입구부터 2중 3중의 방역 바리케이드가 설치돼 있었다. 나는 체온을 재고 설문지까지 쓰면서 바리케이드를 뚫고 로비에 입성했다. 로비 안

내데스크에는 야간 당직 경비원이 앉아 있었다.

"중환자실에 배달 갈 와플인데요. 입구에서 전화 달라고 하셨는데, 전화를 안 받으시네요. 혹시 연락해주실 수 있으세요?"

경비원은 친절하게 중환자실에 전화를 걸어 주문한 분을 찾아냈고(간호사였다), 내게 통화가 됐으니 음식을 두고 가면 자기가 전달하겠다고 했다.

당황스러웠지만 뿌듯했다. 코로나에 대응하느라 밥도 제대로 챙겨 먹지 못하고 마음대로 돌아다니지 못하는 격리병동 간호사들에게 덜 녹은 젤라또 와플 배달에 성공했다. 무언가 나도 이 어려운 시대에 일조했다는 느낌적인 느낌?

고층 아파트나 보안이 철저해 함부로 들어갈 수 없는 건물 배달이 제일 힘들다. 몸이 힘든 게 아니라 시간이 오래 걸려서다. 고층 아파트는 엘리베이터 대기 시간이 길다. 타이밍이 맞지 않으면 속절없이 아파트 안에서 5~10분을 보내야 할 때도 있다. 어떨 때는 엘리베이터 타고 내려오는 동안 층마다 설 때도 있다. 14층에서 CJ대한통운이 타고, 12층에서 바로고가 타고, 9층에서 생각대로가 타고, 6층에서 쿠팡맨이 탄다.

보통 택배기사들은 층수 표시 디스플레이를 뚫어져라 쳐다보고, 배달대행 기사들은 콜을 잡기 위해 스마트폰을 뚫어져라 본다. 그러나 이들 마음속은 발 동동이어서 엘리베이터 안에 '쿵쿵쿵쿵' 발 구르는 소리가 환청으로 들릴 정도다. 18층에서는 배민라이더가 층마다 서며 도통 오지 않는 엘리베이터를 기다리며 '차라리 계단으로 내려갈까' 고민하고 있을지도 모른다.

와플 배달 갔던 병원처럼 보안 때문에 들어갈 수 없는 오피스 건물의 경우에도 로비에서 전화해 음식을 가지러 올 때까지 기다려야 한다. 요즘은 보안 때문이 아니더라도 코로나 방역 때문에 외부인의 출입을 금하는 오피스도 늘어났다. 고객이 총알처럼 튀어 와주면 고맙지만 그런 경우는 드물다. 보통 음식을 시키는 시간은 식사 시간이어서 엘리베이터 트래픽 잼이 심하다. 그나마 전화라도 일찍 받으면 다행이다.

그래서 '로봇'이 등장했다. 배민은 고층 건물 내부에서 음식을 배달하는 로봇 '딜리'를 발표했다. 사람 라이더가 음식을 갖고 건물 로비에 있는 배달 로봇에게 전달을 하면 로봇이 알아서 주문한 사람에게 마지막 배달을 하는 시스템이다. 라이더들에게 배달 로봇은 고마운 존재다. 고층 아파트·빌딩이나 보안 건물의 경우 건물 내 배달 시간이 오래 걸리는데, 이걸 줄여주면 배달 시간이 단축된다. 배민 측에서는 "배달 시간이 30% 정도 단축될 것"이라고 예상한다.[8]

물론 오늘내일 사이에 건물 내 배달을 로봇이 다 처리할 수 있는 것은 아니다. '딜리 로봇'은 '딜리 타워'와 함께 설치돼야 한다. 지금의 엘리베이터나 자동문 버튼은 사람이 누르게 돼 있다. 아직 로봇이 버튼을 눌러 타고 다닐 수 없다. 엘리베이터와 자동문도 로봇과 연동되는 시스템으로 바꿔야 하기 때문에 아직은 설치비용이 많이 들어간다. 또한 로봇의 숫자가 충분히 확보돼 있지 않으면 사람 라이더가 로비에서 하염없이 배달 로봇을 기다려야 한다. 아직 난제가 많지만 로봇 배달 시스템의 우수성이 확인되면 빠르게 확산될 것이다.

이 정도까지는 로봇이 라이더들의 업무를 돕는 친구이지만, 곧 라이더들의 일자리를 위협할 수도 있다. 예를 들어 빌딩 내 입점 음식점이나 카페는 같은 빌딩 내 배달의 경우 사람 라이더의 손을 거치지 않고 로봇만으로 직접 배달이 가능하다.

자, 경우의 수를 따져보자. 35층 사무실에서 근무하고 있는 A대리가 점심에 샐러드를 먹기로 했다. 지하 2층에 있는 샐러드집에 직접 가서 먹으면 한 그릇에 1만 원이다. 포장해 와서 먹으면 2,000원을 할인해 8,000원에 먹을 수 있다. 그것도 귀찮아 배달 주문을 하면 배달료가 붙어 1만 2,000원이다. 그런데 로봇 주문을 하면 1만 원이다. A대리는 어떤 선택을 하겠는가.

'딜리타워'의 '딜리로봇'은 일단 건물 내 배달 주문을 장악할 것이다. 건물 내 배달 로봇은 몇몇 호텔에서 이미 빠르게 도입하고 있다. 메리어트 호텔의 '코봇'이라는 녀석은 수건, 치약, 비누 같은 어메니티에 각종 음식 등 룸서비스를 직접 할 뿐만 아니라, 우산이나 간식 같은 편의점 품목도 모바일로 주문하면 가져다준다.[9] LG전자는 메이필드 호텔에서 '실외배송'이 가능한 로봇을 내놨다. 지금은 호텔 내부만 돌아다니지만 대학캠퍼스, 아파트 단지, 놀이공원 등으로 확대할 계획이다.

아파트 단지 내에서 배달하는 로봇도 나왔다. 배민의 '딜리드라이브'는 계단을 오르거나 엘리베이터를 타지는 못 하지만 아파트 상가 1층 음식점에서 음식을 받아 아파트 1층에서 고객에게 전달하는 방식이다. 규모가 큰 아파트 단지부터 점점 확대될 것이다. LG전자에서는 단순한 서빙은 로봇에 맡기고 사람은 더 세심한 일을 담당하게 될 거라고 한다.[10] 과연 로봇에게 자리를 내준 시급 8,590원 계약직 서빙 직원이 연봉 3,000만 원 호텔리어가 될 수 있을까? 로봇에게 일자리를 잃은 호텔 직원들은 다시 돌아올 수 없을지도 모른다.

23. 생각보다 생각을 잘하는 AI

배민이 'AI 추천배차'라는 것을 도입했다. 이전에는 라이더스 어플리케이션에 주문 목록이 뜨고 라이더가 직접 콜을 잡아 배달하는 시스템이었다. 라이더는 콜을 잡으면 조리에 필요한 시간과 음식점 도착 시간을 예상해 '조리요청'을 누르고, 음식점에 도착해 음식을 픽업한 뒤 배달 예상 시간을 입력하고 배달하는 시스템이었다.

여기서 '조리요청' 버튼을 누르는 것이 중요하다. 만약 음식점에서 조리 시간을 15분으로 입력했으면 라이더는 음식점 도착 15분 전에 '조리요청' 버튼을 눌러야 한다. 라이더가 '조리요청'을 눌러야 음식점에 "조리 시~작"이라는 알람음이 울리고 조리를 시작하기 때문이다. 아무튼 라이더 입장에서는 이것저것 따지고 생각해야 할 게 좀 있었다.

그런데 AI 추천배차가 도입된 이후 라이더는 그냥 해당 콜을 수락할 것인지 거절할 것인지만 결정하면 된다. AI는 라이더의 위치와 동선, 음식점 도착 예상 시간을 계산해 자동으로 음식점에 "조리 시~작"을 알린다. 라이더가 음식점에 도착해 음식을 픽업하면 배달지 도착 예상시간도 AI가 판단해 자동으로 입력해준다.

AI는 '묶음 배달'을 짜주기도 한다. 여러 주문을 종합적으로 판단해 해당 라이더가 최적의 동선으로 최적의 시간에 효율적으로 배달할 수 있게 배차한다. 한 마디로 라이더는 생각할 게 별로 없어졌다. 그냥 수락이냐 거절이냐, '예스 오어 노'만 결정하면 된다.

AI 추천배차 방식으로 바뀐 뒤, 배달은 편해졌고 수입은 늘었다. 그전에도 '추천 콜'이라는 게 있었지만 추천 콜만으로 밥 먹고 살기는 힘들었다. 이 콜이 괜찮은 콜인지 아닌지 생각할 시간은 주어지지 않는다. 배달을 하는 데 걸리는 시간, 동선, 음식 종류는 무시하고 일단 무조건 잽싸게 콜을 잡는 라이더들이 있기 때문이다. 나처럼 생각 많은 라이더들에게는 AI 추천배차가 더 쾌적하게 일할 수 있는 환경을 제공해주었지만 전투 콜에 능한 라이더들은 콜이 줄어들었을 수도 있다.

음식 봉지를 받고 페달을 밟으면서 또 엘리베이터를 기다리면서 '과연 이 일을 로봇이 대체할 수 있을까?'를 여러모로 궁리해봤다. 아직 어림없지 않을까? 무엇보다 속도에서 아직 로봇은 사람을 따라잡을 수 없다. 배달음식점은 보통 상가 2층이나 지하에 있는 경우가 많다. 로봇이 엘리베이터를 타고 다닐 수는 있겠지만 혼잡한 엘리베이터 대신 계단을 뛰어 오르내리는 사람 라이더보다 빠를 수는 없다. 도로에서도 마찬가지다. 도보 라이더 정도의 속도는 내겠지만 시속 40~60킬로미터로 달리는 오토바이 라이더, 시속 15~25킬로미터로 달리는 자전거·전동킥보드 라이더를 따라 잡기는 쉽지 않다.

상상해보라. 자율주행 배달 로봇이 도로를 시속 50킬로미터로 질주하는 모습을 상상해봤는데 좀 무서울 것 같다. 사람이 운전하지 않는 로봇이 도로를 시속 40~60킬로미터로 질주하는 것이 법적으로 가능한지 사회적 합의도 필요하다. 다양한

너희들은 라이더의
친구니, 적이니?

변수에 대응하는 능력도 로봇이 사람에 비해 떨어질 것이다. 묶음 배달을 할 때 최적화된 동선을 짜는 일, 동네 골목길과 샛길 경로를 파악하는 일, 엘리베이터와 계단 중 하나를 선택하는 일, 다양한 형태의 음식 포장을 처리하는 일 등등 경력 많은 사람 라이더의 숙련 영역이 분명히 남아 있다.

그런데 더 곰곰이 생각해보면 로봇이 못할 것도 없다. 2020년 6월 편의점 GS25는 제주도에서 드론을 이용한 배달 시연을 했다.[11] 산간 오지에서 드론 배달이 먼저 활성화될 가능성이 높다. 전신주 등 드론 비행에 위협이 되는 장애물이 상대적으로 적고, 마당이 있는 집은 물건을 내려놓기도 쉽다. 하늘 길로 가기 때문에 속도도 빠르다. 도심에서도 가능하다. 드론 스폿spot을 지정하면 된다.

예를 들어 상가 2층에 있는 음식점에서 음식을 조리해 건물 내 배달 로봇에게 전달하면 로봇이 옥상의 드론 스폿에 음식을 가져다둔다. 드론이 와서 드론 스폿의 음식을 픽업해 아파트 옥상의 드론 스폿으로 실어 나른다. 그러면 아파트에서 대기 중이던 건물 내 배달 로봇이 드론 스폿에서 음식을 픽업해 각 가정에 배달을 하면 된다. 이렇게 배달 과정을 퍼스트 마일-미들 마일-라스트 마일로 쪼개 각 역할에 맞는 로봇을 이용하면 된다. 미국 아마존은 이미 드론 배송 시스템을 마련했고 항공 당국의 허가도 받았다.[12]

같은 방식으로 도로를 달리는 자율주행 로봇을 이용할 수도 있다. 영화 〈스타워즈〉에 나오는 깡통 캔처럼 생긴 R2D2가

또르르 굴러가거나 사람 모양의 팔 다리 달린 C3PO가 삐거덕 소리를 내며 어기적거리는 모습을 상상하지는 말자. 그냥 기아차 레이처럼 생긴 차가 음식을 싣고 돌아다니는 거다. 드론 배달 시스템처럼 퍼스트-미들-라스트 마일로 구분이 돼 있다. 건물 내 로봇이 건물 앞 자율주행 배달 스폿에 음식을 가져다놓으면 도로 자율주행 배달 로봇이 픽업해 배달지 스폿에 가져다두고 라스트 마일 로봇이 배달을 완수한다. 미들 마일 로봇은 일종의 '간선' 역할을 하는 것이다.

이런 '마일 쪼개기'는 이미 택배 업계에서 진행되고 있다. 아파트 단지의 경우 택배 기사가 단지 내 특정 위치에 택배 물품들을 쌓아놓으면 은퇴한 노인이나, 전업주부, 청소년들이 아르바이트로 라스트 마일 배송을 하는 비즈니스 모델이 생겨나고 있다.

자동차 회사들뿐만 아니라 우버와 구글 등 IT 기업들까지 사활을 걸고 자율주행 자동차 개발에 열을 올리고 있다. 자율주행 3단계니, 5단계니 기술 발전 속도도 제법 빠르다. 이제 남은 건 '인간에게 운전을 시킬 것인가 말 것인가' 결정하는 일만 남았다는 말도 있다. 기술적 장애물 못지않게 제도적 장애물의 벽이 높다는 이야기다. 특히 자율주행의 선두 주자격인 테슬라의 경우 몇 차례 자율주행 사망 사고가 터지기도 했다. "사람을 자율주행의 실험 대상으로 삼아서야 되겠느냐"는 윤리적 문제가 제기되기도 했다.

그런 측면에서 도로 자율주행 자동차 상용화에 가장 먼저

〈 아마존 드론 배송 개념도 〉

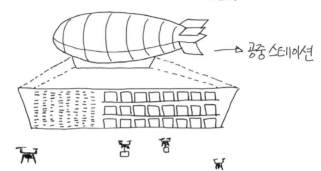

→ 공중 스테이션

※ 선자동 시스템

→ 지상 스테이션

→ 가로등, 전봇대 위에 드론 충전 스테이션

적용할 수 있는 분야가 '배달'이다. 사람이 타지 않으니 인명 사고에 대한 부담이 적다. 사회적 편익도 있다. 2020년 1월부터 4월 15일까지 106일 동안 교통사고로 숨진 오토바이나 전동킥보드 등 이륜차 운전자가 123명에 달한다(운전자를 구분하는 정확한 통계는 없지만 대부분 배달 라이더일 것이다). 배달을 하다가 하루에 한 명 조금 넘게 죽어나가고 있다는 뜻이다. 배달 라이더들의 일자리는 사라지겠지만 위험하고 힘든, 목숨 걸고 해야 하는 일을 로봇이 대신한다는 '명분'을 우리 사회는 결코 거부하지 않을 것이다. 건물 안에 갇혀 있는 배달 로봇들이 거리로 나올 날이 분명 올 것이다. 언제이냐가 문제일 뿐.

쿠팡 풀필먼트 서비스 물류센터에서 일하면서 "나는 그저 AI의 팔다리일 뿐인가"라는 기분을 느꼈다. 배민의 AI 추천배차를 이용하며 다시 그 생각이 났다. 쿠팡 물류센터처럼 생각은 AI가 하고 나는 자전거 타며 음식 전달하는 AI의 팔다리가 돼 가고 있는 건가?

거기에 하나 더. '내가 AI 숙련도 향상을 위해 데이터를 쌓아주고 있구나.'

더 서글픈 건 AI 추천배차 도입 후 내 배달수입이 늘어났다는 점이다. AI, 이 자식들이 생각보다 생각을 잘한다. 그리고 더 빠르다.

24. 배민은 생계수단이 아니다

배민에 AI 추천배차가 도입되고 나서 나는 약간의 '특수'를 누렸다. AI가 제대로 작동하려면 많은 데이터를 쌓아야 하고, 더 많은 라이더들이 더 많은 데이터를 쌓아줘야 AI가 공부를 많이 해서 똑똑해진다. 그래서인지 배민은 AI 추천배차를 도입하면서 건당 1,500원을 더 주는 프로모션 요금을 도입했다. 그리고 '쿠팡이츠' 발 배달 전쟁이 가속화 돼서인지 특정 라이더에게는 20~30건 이상 배달하면 보너스를 주는 인센티브도 도입했다. 이것저것 인센티브를 더하니 주간 수입이 30% 정도 늘었다.

나를 혹하게 했던 배민커넥터 모집 광고 카피.

"시간당 평균 1만 5,000원."

이건 '뻥'에 가깝다. '평균'이 아니라 최대 수입에 가깝기 때문이다. 일단 1시간 동안 쉬지 않고 일할 수 있는 주문이 있어야 하고, 각종 인센티브 없이는 시간당 평균 1만 5,000원을 벌 수 없다. 인센티브 없는 기본 배달료를 평균 3,500원이라 한다면 1시간에 4건 이상을 배달해야 한다.

회사는 소득세 같은 세금은 물론이고 배달을 하기 위해 반드시 내야 하는 운전자 보험료에 산재 보험료 등의 비용까지 떼고 지급한다. 게다가 전동킥보드 커넥터의 경우 전기 충전비가 들어가고, 자전거 커넥터도 적은 금액이지만 펑크 등 자전거 수리비를 자기가 내야 한다. 또 배민에서는 스마트폰 데이터 이용료도 내주지 않으니, 이래저래 떼면 시간당 5건 이상은 해야 '평균 1만 5,000원'이 나온다. 서울 강남 같이 콜이 많은 곳은 가능할 수도 있겠지만 아무튼 '평균 1만 5,000원'은 분명히 과장 광고다.

2020년 5월 10일 오후 12시부터 오후 4시까지 4시간을 일했다. 배달은 8건, 배달료는 2만 8,700원이었다. 시간당 수입으로 따지면 7,175원 꼴이다. 한 시간에 평균 2건을 배달했고, 건당 평균 약 3,500원.

그나마 이건 콜이 어느 정도 나올 때 이야기다. 처음 배달을 하던 4월 초에는 오후 6시부터 3시간 대기하며 배달을 2건 했다. 첫 배달은 1.4킬로미터로 배달요금은 3,500원이었고, 두 번째 배달은 거리가 1.9킬로미터로 배달요금이 4,000원이었다. 그렇게 배달 총수입은 7,500원. 실제 배달은 1시간을 했으니까 시급으로 치면 7,500원짜리 일인가? 아니다. 3시간 대기하고 있었으니 시급은 2,500원 꼴이다. 이렇게 해서는 수익 측면에서 생계수단으로서 경쟁력이 전혀 없다는 계산이 나온다.

주문량에 따라 수입이 들쑥날쑥한데 평균 수입은 시간당 7,000원 정도라고 본다. 최저임금 8,590원이 보장되는 쿠팡 물류센터나 편의점 알바 등에 비하면 턱없이 낮은 금액이다. 게다가 배민커넥터는 주휴수당이나 연월차도 없다는 점을 감안하면 '노동의 대가' 격차는 더 벌어진다.

배민커넥터에 한정시켜 생각하면 '돈 벌기'에 나쁜 한 가지 제도적 제약이 더 있다. 커넥터가 일할 수 있는 시간을 '주 20시간'으로 제한해놓은 것이다. 그럼 기대수익은 시간당 7,000원에 주 20시간이면 14만 원, 한 달이면 56만 원이다. 인센티브로 30% 정도 수입이 늘어도 월 70~80만 원 수준이다. 배민커넥터는 결코 생계수단이 될 수 없다.

배민은 '커넥터'를 '알바'로 한정하고 있다. 다시 한 번 배민커넥터 모집 웹사이트에 나와 있는 홍보 문구를 상기해보자.

"내가 원할 때, 달리고 싶은 만큼만. 시간 날 때 한두 시간, 가볍게 운동 삼아 한두 시간, 가볍게 주말 오후 한두 시간, 함께해요 배민커넥트!"

시간 날 때 용돈 버는 '알바' 그 이상도 그 이하도 아니라는 얘기다. 당연히 근로의욕이 떨어지고 차라리 그 시간에 다른 일을 하는 게 낫겠다는 생각이 든다. 그런데 배민은 커넥터들의 이런 심정도 파악한다. 이런 생각이 들 때쯤 인센티브 프로모션이 뜬다. 건당 적게는 1,000원부터 많게는 2,000원도 더 준다. '더블'이 되기도 한다. 그래서 휴면 계정을 풀고 자전거를 끌고 길거리에 나가보면 그동안 일 안 나오던 커넥터들이 열심히 돌아다닌다. 신규 커넥터도 종종 보인다. 배달 건당 단가는 올라도 내게 배정되는 배달 건수가 줄어드니 수입은 거기서 거기다. 물론 프로모션을 하기 전보다 일은 더 적게 하고 비슷한 돈을 벌 수는 있지만.

마치 배민과 커넥터들이 '인센티브'를 두고 숨바꼭질을 하는 느낌이다. 박한 기본요금에 커넥터들이 일을 안 나오면 라이더가 부족해진다. 라이더의 총량이 줄어들면 "라이더 배차가 안 돼 배달을 못한다"는 음식점들의 불만이 높아진다. 그러면 인센티브 내걸고 다시 커넥터를 불러 모은다. 인센티브는 배민이 부담하기 때문에 언제까지 인센티브를 줄 수는 없다. 인센티브가 사라지면 커넥터들도 집으로 돌아가고 음식점들 배차 불만이 터져 나오면 다시 인센티브를 건다. 숨바꼭질이다.

배민라이더에는 세 종류의 직군이 있다고 했다. 하나는 배민이 직접 고용한 월급제 라이더, 또 하나는 자기 오토바이를 갖고 보험도 자기가 든 '지입제' 라이더, 그리고 순수 알바 형태인 '커넥터'다. 한동안 지입제 라이더는 뽑지 않다가 7월부터 일부 지역에서 다시 지입제 라이더 모집을 시작했다. 이에 비해 커넥터 모집에는 상당한 광고비를 쏟아붓고 있다. 배민라이더의 주력 배달 형태를 커넥터로 정한 모양이다.

　음식을 픽업하러 파스타집에 갔을 때였다. 음식이 나오지 않아 가게 밖에서 기다리려 하는데 나이 지긋한 어르신이 내게 말을 붙였다.

　"커넥터 하신 지 얼마나 됐어요?"

　"두 달 정도 됐습니다."

　"아. 전 5개월 정도 됐는데."

　화들짝 놀랐다. 전혀 커넥터처럼 보이지 않았다. 나처럼 배민 배달 가방을 들고 있지도 않고, 배민 배지도 차지 않았으며 복장을 봐서는 자전거나 오토바이를 타고 온 것 같지도 않았다.

　"커넥터세요?"

　"네. 정년퇴직하고 소일거리 찾다가 이거 하고 있어요."

　"아. 그러시구나."

배달 가방은 어디에 있으며, 자전거나 오토바이는 어디에 세워두셨는지 물어보려는 찰나, 어르신 음식이 먼저 나왔다. 어르신은 피자 박스와 파스타 봉투를 들고 가게 앞에 주차돼 있던 승용차에 올라탔다. 자기 자동차로 배달하는 커넥터였다. 부슬부슬 이슬비가 내리던 날이어서 차로 배달하는 게 조금 부럽기는 했다.

또 한 번은 쌀국수집에서였다. 조리가 빠른 집이어서 내가 좋아하는 식당 중 하나다. 음식을 집으려고 했는데 내 음식이 아니었다. 내 뒤에 바로 따라 들어온 커넥터가 음식을 픽업해 갔다. 나이는 60대가 넘어 보였다. 자전거 핸들 앞에 바구니가 달려 있었고 거기에 음식을 담아 가셨다. 배달 가방도 없고, 역시 배민 배지도 차지 않으셨다.

자전거 바구니 안에는 이미 와플 봉투가 담겨 있었다. 방금 전 와플 가게 콜을 놓쳤는데, 콜을 채가신 분이 이 분이었던 것 같다. 그런데 조금 걱정됐다. 와플 위에 무거운 쌀국수를 얹으면 와플이 뭉개질 텐데.

쌀국수집 앞에서 음식을 기다리고 있는데, 또 다른 어르신이 내게 말을 걸어왔다.

"자전거 커넥터이신가 보죠?"

"네."

배달 가방이 없지만 이 분도 배민커넥터였다.

"자전거 타고 다니면 힘들지 않아요?"

"힘들죠. 그래도 할 만해요."

"커넥터 한 지 얼마나 됐어요?"

"석 달쯤이요."

"그 정도 하면 콜 많이 들어와요?"

"글쎄요. 다른 분들 얼마나 들어오는지 몰라서요."

"나는 걸어서 해요. 전동킥보드 하나 사서 다닐까 했는데, 아들이 위험하다고 반대해서."

"걸어 다니면 반경 1킬로미터 주문밖에 안 들어올 텐데. 콜이 적지 않으세요?"

"그래도 들어오는 대로 해요. 정년퇴직하고 집에만 있으니까 심심해서. 그냥 집에 누워 빈둥거리느니 산보 겸 나와서 배달이라도 하면 운동도 되고 용돈도 벌잖아요."

그러고 보니 최근 나이든 커넥터 분이 늘었다.

25. 배민 예비군, 은퇴 인력의 딜레마

일하다 보면 종종 다른 배민라이더와 마주친다. 식당에서 음식을 픽업하다 마주치기도 하고 길 위에서 스치듯 마주치기도 한다. 식당에서 음식 픽업을 기다릴 때는 "오늘 콜 많아요?"와 같은 일상적인 대화도 하고, "이 집은 음식 나오는 데 정말 오래 걸리지 않아요?"라고 우리끼리 할 수 있는 뒷담화도 한다(조리 시간 오래 걸리기 유명한 몇몇 식당들이 있다). 버스 기사들이 마주 오는 같은 소속사 버스 기사를 만나면 간단한 고갯짓이나 손짓 인사를 하듯이 몇몇 배민라이더와는 고갯짓 인사도 한다(핸들을 잡고 있으니 손 인사는 안 된다).

그런데 다른 '커넥터'와 마주칠 때는 감정이 미묘하다. 이들은 내 경쟁자일까 동료일까? 배달 주문이 많을 때는 라이더 배정이 안 돼 발 동동 구르며 배차 기다리는 식당 주인들이 있다. 이런 분들 생각이 날 때는 다른 커넥터들이 '동료'다. 동료라고 생각되면 커넥터가 늘었으면 좋겠다. 양질의 배달이 이뤄져야 배민라이더스에 가입하는 식당도 늘고, 주문하는 소비자들도 늘고, 전체 일감도 는다. 그러면 커넥터 수입도 올라간다.

그러나 콜이 없어 배회하고 있을 때 내가 못 받은 콜을 잡아 배달 중인 커넥터를 보면 그저 경쟁자일 뿐이다. 특히 '은퇴자'들을 보면 생각이 더 복잡해진다. 저마다의 사정은 제각각이겠지만 이들에게 배달은 남는 시간에 무료함을 달래거나 운동을 하기 위해 나서는 소일거리라면? 이들에게 배민커넥터 수입은 자기 생활비의 '플러스알파'이다. 집에 가만히 있으면 수입이 '0'이지만, 1시간에 한 건이라도 배달을 하면 3,000~5,000원의 기대치 않았던 수입이 생긴다.

반면 다른 일자리 대신 배민커넥터를 택한 이에게 1시간 3,000~5,000원의 수입은 최저임금(2020년 기준 8,590원)에 턱없이 못 미치는 마이너스 수익일 뿐이다. '부업'으로 하는 이들이 계속 공급되면 배달 요금이 오를 수 없다. 시간당 3,000~5000원, 더 쳐줘서 7,000원이라 해도 이 정도 수입에 만족하는 커넥터가 계속 공급되면 배민 입장에서는 최저임금에 인센티브, 주휴수당에 연차까지 쳐줘야 하는 직접 고용 라이더를 늘릴 필요가 없다.

코로나 사태 때 배민은 라이더와 커넥터들에게 주1회 마스크 3장을 지급했다. 마스크를 받으러 지역 센터에 방문했을 때였다. 센터 앞에는 '공복주의'와 같은 재치 넘치는 문구가 적힌 민트색 배민 배달 오토바이가 족히 50대 이상은 주차돼 있었다. 센터 안에 들어갔다. 앱으로 가입하고 앱으로만 일을 하다 사람 관리자를 처음 만났다. 마스크와 휴대용 손소독제를 받고 장부에 수령 확인 서명을 한 뒤 관리자에게 "상담을 좀 하고 싶다"고 했다.

"주 20시간으로는 먹고 살기 힘들어요. 혹시 종일 일할 수 있는 방법이 있을까요?"

"주 60시간까지 일하시려면 지입제 라이더가 되셔야 해요. 그런데 지금 지입제 라이더는 안 뽑고 있어요. 대신 월급제 라이더는 가능합니다."

"조건이 어떻게 돼요?"

"기본급은 시간당 8,590원이고요. 주 5일 근무입니다. 근무 시간은 최대 52시간이 넘지 않고요. 주휴수당과 연차도 있습니다. 집에서 직접 출퇴근을 하셔도 됩니다. 그리고 인센티브도 있어요. 한 달에 300건 채우시면 그 후부터 건당 인센티브가 따로 붙고요, 최대 500건까지 인센티브가 붙어요. 500건 채워서 인센티브 꽉 채우면 한 달에 250만 원 이상 가져가십니다."

"한 달에 500건이면… 주5일 근무로 하루에 25건 해야 되는 건데, 하루에 그만큼 콜이 나와요? 전 하루 종일 해도 15건 넘기 힘들던데요."

"어디 보자. 지금 활동하시는 지역의 월급제 라이더 분도 지난달에 인센티브 꽉 채우셨네요. 아무래도 오토바이 라이더는 배달 반경이 더 넓으니까 콜을 더 받을 수 있죠. 그리고 지금 커넥터 분들은 '직접 만나서 결제'가 안 돼서 받을 수 있는 콜이 더 적어요."

"그런데, 만약 제가 라이더로 취직하면 지금 일하시는 라이더 일감이 줄어드는 거 아닌가요?"

"뭐, 그럴 수도 있겠지만…."

상담을 받고 나오는데 센터 앞에 '쌓여 있는' 배민 배달 오토바이들이 다시 눈에 밟혔다. 혼자 중얼거렸다.

"배민은 직접 고용 라이더들을 늘릴 생각이 별로 없는 것 같은데."

배민은 대신 '부업' 참여자(커넥터)를 늘려가는 중이다.

26. 직접 고용이 아닌 배달 대행으로 몰리는 이유

하루는 아내와 함께 차를 몰고 집에 돌아가던 중이었다. 집 근처 사거리에서 신호 대기를 하고 있었다. 역시나 배달 오토바이들이 신호 대기 중인 차들 사이를 비집고 차간 주행을 하며 정지선 앞으로 전진해갔다. 그런데 왼쪽 좌회전 차선에 오토바이 한 대가 좌회전 신호를 기다리고 있었다. 차 사이로 비집고 가지도 않고 앞 차 뒤꽁무니 정중앙 뒤에 여유롭게 한 자리 차지하고 떡 하니 서 있었다. 마치 "나도 차야!"라고 외치는 것 같았다. 배달통에는 동네 부대찌개 식당 이름과 전화번호가 적혀 있었다.

"이야. 저 분은 느긋하시네. 분명 배달 마치고 돌아가시는 길일 거야."

"식당에 소속된 배달원의 여유 아닐까? 월급 받으면 굳이 목숨 걸고 곡예운전할 필요 없잖아."

배민 지역센터에서 상담을 받을 때 관리자는 배민 직접 고용 라이더의 장점으로 '안전'을 거듭거듭 강조했다.

"저희는 다른 배달대행 업체와 달라서 절대 독촉을 하지 않아요. 주문 취소돼도 좋으니까 무조건 안전을 최우선으로 하시라고 강조합니다."

개인사업자로 일하는 배달대행의 경우 주문이 취소됐을 때 라이더가 음식값을 변상해야 하는 일도 생긴다. 주문자의 단순 변심이 아니라 예상시간보다 훨씬 늦게 배달이 되거나 라이더의 실수로 음식이 흐르거나 망가져 먹을 수 없을 때 그렇다. 그러나 직접 고용 라이더의 경우 최저임금일지언정 시간당 임금이 보장되기 때문에 급할 이유가 별로 없다.

일례로 맥도날드나 도미노피자는 2020년 기준 시급 8,590원이고 주휴수당을 더하면 1만 308원이다. 밤 10시 이후 근무 시간에 대해서는 1.5배의 야간수당이 추가된다. 국민연금·건강보험·고용보험·산재보험 등 4대 보험도 가입된다. 오토바이와 보험이 제공되고 유류비와 관리비도 회사가 책임진다. 배달을 나가면 건당 400~500원의 배달 수당이 붙는다. 같은 배달 일이지만 하루 8시간을 일하고 20건 정도를 배달한다고 했을 때 기본시급에 주휴수당, 배달수당을 더하면 하루 일당은 9만 원 정도다. 배달 건당 4,500원 꼴이다. 매장마다 사정은 조금씩 다르지만 라이더들에게는 매장 청소나 조리 등의 업무를 시키지 않는다(계약 조건에 없다). 즉, 배달 없을 때는 그냥 쉬면서 대기하면 된다. 식사로 햄버거도 준다.

배달할 때는 무리해서 다닐 필요가 없다. 무리해서 다닐 수도 없다. 맥도날드 배달 오토바이는 배기량이 낮아서(50cc, 요즘은 전기오토바이) 신호를 째기 힘들다. 신호를 쨀 이유도 없다. 교통법규 위반 벌금은 라이더가 내야 한다. 배달 수당이 400원인데 더 많이 배달한다고 수입이 확 늘어나는 것도 아니니 무리해서 하루 일당을 날릴 필요가 없다. 곡예운전을 할 이유도 없다. 3,000원도 아니고 꼴랑 400원에 목숨을 걸 사람은 없다.

이렇게만 보면 같은 배달 일을 해도 배달대행 라이더보다 맥도날드나 배민라이더스 직접 고용 라이더가 훨씬 조건이 좋아 보인다. 그런데 인간은 욕망으로 가득 찬 존재 아니던가. 어차피 배달 일을 할 거면 좀 더 열심히, 힘들게 일해서라도 더 많은 돈을 벌고 싶은 생각이 든다. 국민연금? 내가 연금을 탈 나이에는 어떻게 될지 모른다는데 필요 없다. 건강보험? 부모님 밑에 들어가 있으니 필요 없다. 고용보험? 내다가 실업수당 받으면 좋지만 실업수당 받는 것보다 배달대행 해서 더 많이 버는 게 좋다. 산재보험? 잘 모른다. 그냥 내가 당장 쥘 수 있는 현금이 중요하다.

이런 사람들에게는 맥도날드나 배민라이더로 벌 수 있는 돈 200~250만 원은 눈에 들어오지 않는다. 여기저기 "배달대행으로 한 달에 사백을 벌었네, 삼백 오십을 버네" 하는 이야기들이 들려오니 배달대행으로 라이더들이 몰린다.

27. 우동 한 그릇으로 배운 길 위의 도

하루 저녁 일하면 콜이 많은 날 자전거 이동 거리가 20킬로미터를 넘어간다. 콜이 귀한 마당에 5시부터 타면 끼니 때울 시간도 없다. 저녁 8시면 허기가 밀려오기 시작한다. 하루는 밤 9시가 조금 넘어 배달을 마치고 돌아가는 길에 떡볶이와 순대, 어묵, 튀김, 김밥, 우동을 파는 포장마차 앞을 지나다 도저히 지나칠 수 없어 발걸음을 멈추었다. 마침 비도 부슬부슬 내리기 시작해 퇴근하려던 참이었다.

허겁지겁 어묵을 집어 먹고 있는데 포장마차 구석에서 우동과 순대에 소주를 마시던 남자 두 명 일행이 날 향해 말을 걸어왔다.

"배민 하세요?"

"네."

"오늘 콜 많이 찍으셨어요?"

"오늘은 좀 많았네요."

"많이 했으면 여기 와서 우동이나 한 그릇 하고 가세요."

머쓱한 표정으로 합석을 했다. 한 사람은 내 또래의 남자였고, 다른 한 사람은 20대 초중반으로 보이는 젊은 남자였다. 앉자마자 소주를 권했지만 사양했다. 퇴근을 하더라도 자전거를 타고 가야 하니까. 내 또래 사내는 우동을 한 그릇 더 시켰다.

"친구 동생인데 배달대행 라이더를 하고 싶대요. 친구가 말려달라고 하더라고요. 그래서 만나서 얘기 좀 하고 있는데, 배민라이더는 할 만한지 궁금해서 불렀습니다. 괜찮죠?"

"그럼요. 궁금한 거 있으면 뭐든지 물어보세요."

배민라이더의 업무 구조와 벌이 등에 대해 자세하게 설명을 해줬다. 젊은 친구는 묵묵히 듣는 편이었다. 대신 사내가 말박자를 맞췄다.

"산재보험 가입해주는 건 좋네요. 내가 작년에 비 오는 날 맨홀 뚜껑에 미끄러져서 오른쪽 종아리부터 어깨까지 갈았잖아. 원래 사고 나도 오토바이 보험으로 처리하면 된다고 산재보험 가입을 안 하는데, 이게 혼자 자빠지면 보험이 안 되더라고. 산재보험이라도 가입했으면 치료비에 휴업수당도 받을 수 있다고 하던데."

사내는 10년 정도 이른바 '철가방'을 했다고 한다. 중국집을 하는 매형의 꼬드김에 넘어가서. 급여는 나쁘지 않았단다. 그러다 4년 전 배달대행이 생기면서 저녁 시간에 배달대행을 투잡으로 뛰었다. 오피스 밀집 지역 중국집은 낮 배달이 많고 저녁에는 8시면 영업을 종료해서 가능했다.

매형에게 양해를 구해 중국집 오토바이도 갖다 썼다. 해보니 배달대행 돈벌이가 짭짤했다. 하루 저녁에 많으면 10만 원도 벌었다. 종일 하면 30만 원도 찍을 수 있을 것 같았다. 열심히만 일하면 한 달에 700만 원 이상도 벌 수 있겠구나. 마침 매형 중국집도 계속 매출이 줄어 월급 받기가 미안하던 터였다. 전업으로 나섰다.

그런데 일을 해보니 생각대로 되지 않았다. 경력 10년의 베테랑 라이더라 오토바이 운전은 능수능란. 그런데도 매년 한두 번 사고가 났다. 그는 잘 안다. 도로는 지뢰밭이다. 비 오는 날 맨홀 뚜껑을 잘 피해 다녀야 하고 차선도 안 밟게 조심해야 한다. 비 오는 날은 차선도 미끄럽다. 폭우에 송송송 구멍이 난 도로의 '포트홀'은 바퀴가 두 개인 오토바이에게는 치명적 위협이다.

그런데 여전히 맨홀 뚜껑에 미끄러지고 인도 턱에 걸려 넘어진다. 서두르다 부주의한 것이다. 골목길에서 후진으로 튀어나오는 택배 트럭 피하다가도 넘어지고, 막무가내로 우회전하며 밀고 들어오는 마을버스 피하려다 넘어지고, 갑자기 튀어나온 산책하는 개를 피하려다 넘어지기도 한다. 팔다리 구석구석에 흉터투성이다.

돈이라도 많이 벌었으면 영광의 상처일 텐데 벌이도 성에 차지 않았다. 빠른 속도로 더 많이 배달하다 보니 오토바이의 성능에 눈이 갔다. 중국집 시절 타던 '씨티 에이스'는 아무래도 불안했다. 가속력과 제동력이 좋고 타이어가 두꺼운 기종으로 새로 뽑았다. 일명 '피돌이'라 불리는 PCX다. 배달대행에 리스를 할까 생각도 해봤지만 배달 일 앞으로 하루 이틀 할 것 아니라고 생각해 잘 관리하면 오래 탈 수 있을 것 같아 자가로 구매했다. 보험료까지 700만 원 이상이 들어갔다.

더 많이 벌고 싶어 배달대행을 택했지만 '자유로운 출퇴근'에 대한 기대도 컸다. 내가 사장이니까 내가 일하고 싶을 때만 일하면 될 줄 알았다. 그런데 그게 안 됐다. 원칙적으로 출퇴근 선택권은 라이더에게 있었지만, 배달대행 대리점은 미리 출퇴근 스케줄을 알려주고 다른 라이더들과 조율하도록 유도하거나 강제했다. 하지만 사실 자기 스스로를 속박했다. 중국집에서 하던 때보다는 더 벌어야 한다는 강박이 있었다. 주6일 일했다. 매출이 떨어질 것 같으면 주7일도 일했다. 비가 오나 눈이 오나 바람이 부나 하루에 12시간씩. 휴가도 사라졌다.

월 매출 기준으로 꾸준히 400만 원을 넘겼고, 경기가 좋을 때는 500만 원도 넘긴다. 그런데 이것저것 떼이는 게 많다. 기름 값만 한 달에 25만 원이 들어간다. 보험료도 월 20만 원 수준이다. 배달 한 건에 3,000~3,500원을 받는데, 대리점에서 프로그램 사용료와 관리비 명목으로 건당 200원씩 떼간다. 이게 한 달이면 25만 원이다. 절대적인 주행 거리가 길다 보니 엔진오일과 타이어도 자주 갈아줘야 한다. 기타 소모품 교체도 많다. 오토바이 정비에도 한 달 10만 원은 들어가고, 2~3년이면 오토바이도 교체해야 한다. 오토바이 감가상각만 월 15만 원은 잡아야 한다. 비용으로만 한 달에 100만 원이 들어간다.

월 매출 450만 원이면 순수익은 350만 원인 셈이다. 물론 이건 '사고'가 나지 않는다는 전제 하에서 뽑은 손익계산서다. 좋은 보험이라도 들어놨으면 사고 보상비와 치료비 정도는 받을 수 있지만, 쉬어야 하는 동안 손실은 전적으로 라이더 몫이다.

350만 원이 어디냐고 할 수 있겠지만, 이게 하루 12시간씩 주6일을 일해서 얻은 노동의 대가라면 결코 많다고 볼 수 없다. 근로시간을 월 300시간으로 계산하면 시급은 1만 1,700원 정도라는 계산이 나온다. 여기에 일반 직장에 다닐 경우 받을 수 있는 주휴수당, 연차수당을 못 받는 것까지 쳐서 계산하면 보수적으로 계산해도 시급은 1만 원 정도로 떨어진다. 또한 1년 이상 근무해도 퇴직금이 없다. 국민연금, 건강보험도 내가 다 내야 한다. '매출액' 뒤에는 이런 비용이 숨어 있다.

사내는 내게 "배민해서는 먹고 살기 힘들겠네"라며 말을 이어 갔다. 사실은 앞에 앉아 소주를 홀짝이고 있는 친구 동생에게 하는 얘기였다.

"네 심정은 잘 안다. 내 나이에는 별 거 아니지만, 네 나이에 월 삼백 이상 챙기면 적지 않은 돈이지. 지금 어딜 가봐야 최저시급에 월 이백 받기도 힘들 텐데. 그런데 정 하고 싶거든 서울 가서 해. 지리는 2~3주 빡세게 뛰다 보면 금방 익숙해져. 산삼을 캐려면 산삼 밭에 가야 한다고, 배달 일이 산삼은 아니지만 그래도 열심히 하면 도라지는 돼. 그런데 이 동네는 도라지가 아니라 돌밭이야. 강남이나 송파, 종로나 마포는 가야 그래도 돈 좀 만질 수 있어."

그러더니 다시 태도가 돌변했다. 내가 끼어들기 전에 하던 이야기가 있었나 보다.

"그런데 네 형 말대로 그냥 공무원 준비하는 것도 나쁜 건 아냐. 당장 월 삼백 넘게 손에 쥐면 지금은 좋지. 하지만 맨날 길에서 매연 마시고 구르고 다치고 몸 축나. 그리고 이 일은 언제까지 할 수 있을 것 같은데. 지금 월 삼백 벌지? 10년, 20년 지나도 월 삼백일 걸. 나중에 네 아들이 학교에 갔는데, 선생님이 '네 아부지 뭐하시노?'라고 물어보면 아들이 뭐라고 답하겠냐? 나도 배운 게 이거 밖에 없어서 그런데…."

사내는 지금 타는 오토바이 폐차할 때가 되면 버스운전 자격시험을 준비할 거라고 했다.

"길 위에서는 버스가 갑이야. 나도 갑 좀 해볼라고. 허허허!"

그날 포장마차에서 나는 우동 한 그릇보다 더 많은 걸 얻었다.

28. 그래, 우리가 어떤 민족입니까?

배달 일을 시작한 뒤로 내게 몇 가지 변화가 있었다.

첫째, 살이 많이 빠졌다. 자전거를 타고 하루에 20킬로미터 이상 업힐과 다운힐을 반복하다 보면 살이 안 빠질 수가 없다. 3개월 동안 8킬로그램이 줄었다. 허벅지는 돌덩이가 됐다.

둘째, 보다 친절한 사람이 되려고 노력 중이다. 배달 가서 문이 열리고 환한 표정으로 "고맙습니다", "수고하셨습니다"라고 인사하는 사람들의 환대는 박카스 한 박스 이상의 자양강장제다. 나 역시 배달음식을 시켜 먹을 때 라이더들에게 최선을 다해 밝은 표정으로 씩씩하게 인사하고 있다. 가는 말이 고와야 오는 말이 곱다. 일반 음식점이나 매장에 갈 때도 서비스를 하는 직원이나 사장님들에게도 "고맙습니다", "수고하셨습니다" 같은 인사를 빼먹지 않으려고 의식적으로 노력하고 있다.

무엇보다 큰 변화는 피땀 흘려 일하는 노동의 숭고함을 새삼 느꼈다는 점이다. 물론 배달 일도 하다 보면, '저 인간은 왜 저럴까', '도통 직업윤리라는 게 없구만' 싶은 눈살 찌푸려지는 장면도 많이 본다.

신호 위반은 지 목숨 걸고 하는 거라지만, 거리낌 없이 인도로 질주하는 라이더들을 보면 촬영해서 신고하고 싶은 욕구가 불끈 솟는다. 자전거를 타고 배달하는 배민커넥터인데, 배달 가방을 쓰지 않고 핸들을 쥔 손에 피자 박스를 덜렁덜렁 들고 가는 사람을 보고 흥분한 적도 있다.

혹시나 해서 배민앱 리뷰를 찾아보니 역시나 "피자가 다 뭉개져서 왔다"는 항의가 올라와 있다. 누군가 정성을 다해 만들었고, 누군가 주린 배를 움켜쥐고 기다렸던 음식일 것인데, 이런 식으로 취급한단 말인가. 그럼에도 9할은 자기에게 주어진 임무를 완수하기 위해 묵묵히 열심히 일하는 사람들이다.

그리고 가끔 진상 고객도 있지만 9할 9푼은 정말 친절한 사람들이다. 요즘은 배달 라이더라고 하대하는 분위기도 아니다. 특히 코로나 시대가 되면서 이런 배달, 배송 일에 대한 사회적 존중이 높아지고 있다.

일 하면서 배민의 작명 센스 하나는 인정해줘야겠다는 생각이 들었다. 한국 민족을 '배달의 민족'이라고 하는데 '배달'의 어원을 두고는 이러쿵저러쿵 논란이 있다. 국어사전에는 "우리 민족을 이르는 말"이라고 정의돼 있지만, '배달'이라는 말이 등장해 널리 쓰이기 시작한 것은 일제의 침략으로 민족주의가 강화된 20세기 초였다고 한다. 단군을 숭상하는 대종교에서 비롯된 말이라는 것이다.

어쨌든 우리나라 사람들 대부분 '배달의 민족'이라는 말을 들어봤을 테고, 중국집에서 짜장면 한 그릇 '배달' 시켜본 적이 있기 때문에 배달 서비스의 이름을 '배달의민족'이라 지은 건 단어의 이중성을 잘 활용한 전략이다. 실제로 광고 카피도 "우리가 어떤 민족입니까"였다. 정답은? "뭐든 배달시키는 민족입니다" 정도가 아닐까.

배달의민족을 운영하는 회사 이름도 발상이 신선하다. '우아한 형제들.' '커넥터'라는 이름도 업의 본질을 꿰뚫는 작명이다. 자영업자와 소비자를 연결하는 업, 배달이다.

3장

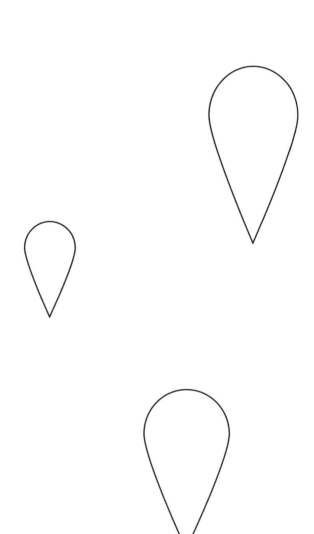

당신을
배달해드립니다,
카카오 대리운전

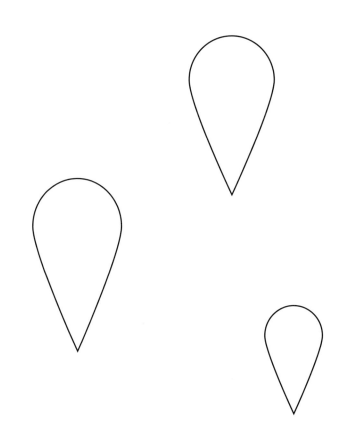

29. 카카오 대리운전에 도전하다

내가 원할 때 하고 싶은 만큼 자유롭게 일할 수 있었지만, 배민 커넥터는 수입 측면에서 아쉬움이 많았다. 그렇다고 전업 배달 대행 라이더를 하기에도 부담이 적지 않았다. 오토바이를 사고 유상운송보험도 가입해야 하기 때문에 초기 투자비용이 꽤 든다. 렌트나 리스로 하려고 해도 1년 이상의 장기 계획을 세워야 하고 안전 문제도 걱정이다.

이런 걱정을 하는 내게 오다가다 만난 라이더들이나 '투잡러'들은 대리운전을 추천해줬다. 일단 '네 발' 달린 차를 운전하기 때문에 안전하고, 비올 때 비 안 맞아서 좋고 눈 올 때 눈 안 맞아서 좋단다. 초기 투자비용도 없으며 수입도 나쁘지 않은 편이라고 했다. 코로나 사태가 진정돼 가던 무렵 스마트폰을 꺼내 들었다.

카카오 대리기사가 되는 일은 쉽다. 스마트폰에 카카오 대리기사용 어플리케이션을 다운로드 받아 설치한다. 운전면허증을 올리고 프로필 사진을 올린 뒤 보험 심사를 받으면 끝이다. 스마트폰으로 은행이나 증권사 비대면 계좌를 트는 것과 비슷하다. 프로필 사진을 찍을 때는 나름 공을 들여 찍었다. 자기 차와 자기의 생명을 맡기는 고객에게는 대리기사의 인상이 중요하지 않겠는가. 최대한 단정하고 신뢰감을 주는 인상을 쓰려고 노력을 했다.

심사를 하는 데 2~3일 정도 걸렸다. 카카오톡으로 가입 승인 메시지가 왔고 바로 대리기사를 할 수 있게 됐다. 카카오 대

리운전 사업 초기에는 대리기사들을 직접 대면 면접도 한 모양
인데, 이제 그런 절차도 사라졌다. 하긴 코로나 시대 아닌가. 이
제 '비대면'이 기본이다.

무슨 일이든 '첫 출근'은 설렘 반, 두려움 반이다. 어느 화창한
날 저녁 8시 길을 나섰다. 첫 번째 일터(?)는 동네 번화가였다.
신도시 베드타운 아파트 숲의 상가 단지이기 때문에 대부분 퇴
근 뒤 걸어 나와 동네 친구들과 한잔하는 분위기의 동네다. 대
리 수요가 그리 많지는 않을 것 같았다. 하지만 익숙한 곳에서
일을 시작하는 것이 '두려움 반'을 반의반으로 줄이는 데 도움
이 되니까.

　　동네 번화가에 도착할 무렵 대리기사 어플리케이션을 켰
다. 어플리케이션 화면에는 대기 중인 카카오 대리기사들이 빨
간 점으로 표시된다. 놀랐다. 이미 20여 명의 대리기사들이 반
경 500미터 내에서 대기 중이었다. 내게도 차례가 올까 싶던 순
간 콜이 떴다. 목적지는 그리 멀지 않은 곳. 3킬로미터 정도 떨
어진 옆 동네 아파트 단지였다. 잡고 나서 확인해보니 고객이
있는 곳 위치가 나도 잘 아는 동네(배민커넥터를 하면서 동네
지리에는 빠삭해졌다)이고 거리도 1킬로미터 정도로 가까웠
다. 어플리케이션을 보면서 손님의 위치 근처까지 가서 전화를
걸었다.

　　"어디 계신가요?"

　　"○○치킨 앞이요."

　　"저도 ○○치킨 앞인데요?"

"빵~"

손님은 바로 내 앞에 있었다. 이미 자기 차 조수석에 앉아 나를 기다리고 있었다. 30대 중반으로 보이는 젊은 남자였다. 운전석 문을 열고 운전석에 앉아 안전벨트를 매면서 정중하게 인사를 했다.

"안녕하세요. 안전하게 모시겠습니다."

연습한 것도 아닌데, 고객 응대 멘트가 자연스럽게 나왔다. 어느새 배달 짬밥이 내 몸에 좀 뱄나 보다. 고객을 위해서라도 초보처럼 보여서는 안 된다. 고객 입장에서도 대리기사가 초보란 걸 눈치채면 얼마나 불안하겠는가. 나는 운전석에 앉았다.

카카오 대리
어플리케이션 화면

코로나가 한창이던
5월 멀요일 밤이라
이 정도
금·토요일 밤엔
더 많다.

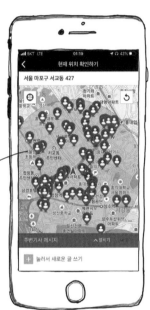

점이

카카오 대리
어플리케이션을
켜놓고 대기 중인
대리기사들

서교동 네거리를
중심으로
어림잡아 80여명
나도 저 점 중의
하나

숨이 턱!
2020.0517 KIM HAYOUNG

30. 시동 걸려 있어요

대리기사를 시작하기 전 인터넷에서 대리기사 일에 대해 검색을 했다. 요즘은 블로그와 유튜브가 세상 모든 일을 가르쳐주는 '선생님'이다. 몇 가지 마음에 걸리는 걸 찾아봤다.

첫째, 네비게이터를 이용하는 법. 대리운전은 내가 가보지 않은 낯선 곳을 가야 하는 일이기 때문에 네비게이터 사용은 필수다. 자동차에 내장된 매립 네비게이터를 이용하는 경우도 있지만, 대부분은 자기 스마트폰의 네비게이터를 이용하는 것 같았다. 차마다 네비게이터의 조작법이 다르기 때문에 켜고 주소 입력하고 하는 과정이 번거롭고 시간도 지체된다. 아무래도 자기 손과 눈에 익숙한 네비게이터를 쓰는 게 낫다.

　그래서 한 손에 스마트폰을 들고 운전을 하는 대리기사도 있고, 계기판 앞에 올려 두고 운전을 하는 대리기사들도 있었다. 컵 홀더 같은 데 스마트폰을 끼워 두고 블루투스 이어폰으로 소리만 들으며 가는 '고수'들도 있다. 한 손에 스마트폰을 들고 운전하는 건 위험하고 계기판 앞에 올려둔 스마트폰이 자꾸 쓰러지기 때문에 손목에 차는 스마트폰 거치 벨트를 직접 만들어 다니는 대리기사도 있었다. 송풍구에 설치하는 거치대는 대리기사에 의해 조금이라도 차에 흠집이 나는 것을 경계하는 차주들이 싫어한다고.

　여러 방법 중 나는 대시보드 위에 올려두는 미끄럼 방지 기능이 있는 스마트폰 거치대 패드를 택했다. 다이소에서 2,000

원이면 살 수 있다.

둘째, 운전석 시트와 룸 미러, 사이드 미러 조정. 안전하게 운전하기 위해서는 필수다. 그런데 이것마저 꺼리는 차주들도 있단다. 다음 날 아침 본인이 직접 운전할 때 다시 조정하는 것이 귀찮다는 것이다. 그리고 미러와 시트 조절 버튼도 차마다 제각각이어서 찾아서 조작하는 게 번거로울 수도 있다. 인터넷에 있는 선배 대리기사들은 "안전운전을 위해서는 반드시 필요하고, 맞지 않는 자세로 오래 운전하면 몸도 아프기 때문에 반드시 자기에게 맞게 조정하고 운전을 하라"고 조언해줬다. 다행히도 내 키는 대한민국 남성 평균에 가까워서 시트와 거울 조정 스트레스는 덜했다.

셋째, 자동차 조작법이다. 나름 운전에는 자신이 있었다. 20년 경력인데다 수동기어 운전도 오래 해 기어를 가리지 않는다. 차종도 경차부터 1.5톤 냉동 탑차까지 해봤다. 이래봬도 2000년형 갤로퍼를 몰고 2015년 아메리카 대륙 종단도 했던 몸이다. 그럼에도 불구하고 요즘 나오는 최신형 차들은 주차 브레이크, 기어 노브, 시동 버튼 등이 각양각색이어서 헷갈릴 수 있다. 인터넷의 선배 대리기사들은 "모르는 것은 죄가 아니니 모르면 차주에게 물어보라"고 했다. "자동차마다 다른 조작법은 경력이 쌓이면 자연스럽게 알게 된다"고 했다. 이건 결국 '짬밥'의 문제라는 것이다.

이날 대리운전 첫 만남은 BMW였다. 시트 포지션이 조금 낮은 감이 있었으나 시트 각도와 핸들까지의 거리, 미러의 각도 등이 다행히 나와 잘 맞았다. 운전을 위한 시트와 미러 조정을 생략하고 시동을 걸기 위해 버튼을 누르려는 찰나, 조수석에 앉아 있던 차주가 "시동 걸려 있습니다"라고 알려줬다. 긴장을 해서인지 차가 워낙 조용해서인지 시동이 걸려 있는 줄도 모르고 있었다. 초보처럼 보이지 않으려 했는데 초보 티가 났을까? 아마 티가 났을 것 같다.

골목 이면도로에 평행주차가 돼 있었는데, 핸들을 좌우로 꺾어가며 두세 번 앞뒤로 왔다 갔다 한 뒤에 조심스럽게 도로로 빠져나왔다. 내 차였으면 한 번에 나왔을 간격이었지만 긴장이 되는 것은 어쩔 수 없었다. 사실 차종, 정확히 말해 '비싼 차냐 싼 차냐'인지가 중요한 건 아니다. '남의 차'를 몰 때는 언제나 긴장을 할 수밖에 없다.

31. 사람들은 어떻게 대리운전을 쓰는가

'남의 차.' 남의 차를 운전하는 일도 쉬운 일이 아니지만, 바꿔 생각하면 생면부지의 남에게 내 차를 맡기는 것도 자연스러운 일은 아니다. 남미 여행을 할 때였다. 중남미는 치안이 안 좋기로 악명이 높다. 중남미에서 사업을 하는 한국인 교포 사장이 있는데, 그는 차가 세 대이고, 운전기사도 세 명이라고 했다. 매일 아침 세 대의 차와 세 명의 기사를 집 앞에 대기시켜 놓고 그날 탈 차를 무작위로 고른다고 했다. 회사까지 가는 경로도 매일 바꾼다고 한다. 운전기사들을 믿기 어렵기 때문이란다. 하물며 자기가 고용한 운전기사도 믿지 못하는 곳인데 '대리운전'이라는 것이 가능할 리 없다.

미국은 그나마 치안이 낫지만 대리운전업이 활성화돼 있지는 않다. 대중교통이 발달돼 있지 않은 교외 지역은 한 번 들어가면 대리기사들이 나올 방법이 없다. 픽업 차량이 따라 붙을 수는 있지만 거리가 멀어 운행 시간이 늘어나고, 그럼 가격이 더블에 플러스알파가 된다. 대도시 일부 지역에 대리운전 서비스가 있다고는 하는데, 엄격한 고급 회원제로 운영된다. '신뢰'가 최우선이기 때문이다. 그만큼 한국은 다른 나라들에 비해 비교적 치안이 좋고 '신뢰'가 높은 사회라는 것을 의미한다.

'신뢰' 외에도 나라마다 대리운전의 활성화에 차이가 발생하는 원인은 여러 가지다. 한국의 대리운전은 기술과 제도 그리고 경제성장이 만들어낸 일자리다.

첫째, 음주측정기의 도입. 한국에서 대리운전이 시작된 것은 음주측정기가 도입된 1981년 이후라고 본다. 후~ 불어내는 숨으로 혈중 알코올 농도를 측정한다. "나는 소주 한 병을 마셔도 간에 기별도 안 가는 사람이야"라고 우겨봐야 소용이 없다. 음주측정기에 나타난 혈중 알코올 농도에 불만이 있으면 피를 뽑아서 검사한다.

둘째, 일제 검문식 단속 제도의 도입이다. 몇 년 전 미국 휴스턴에서는 과속 단속을 위한 속도 측정기를 설치하느냐를 두고 주민투표가 벌어진 적이 있다고 한다. 결과는 부결. 다양한 상황적 변수, 이를테면 해당 도로에서의 과속 행위가 교통의 흐름이나 타인에게 위협이 되느냐를 따져 과속의 위법 여부를 판단해야 하는데, 정해진 기준을 기계적으로 적용해서는 안 된다는 것이었다. 그리고 이런 '상황 판단'은 경찰의 재량인데, 사람의 행위에 대한 판단을 사람이 아니라 기계에 맡길 수 없다는 것이었다.

같은 맥락에서 미국은 여전히 일제 검문식 단속이 아니라 경찰의 선별적 단속이 실시된다. 운전하는 꼬락서니가 수상하면 차를 갓길로 세우게 하고 차에서 내려 똑바로 걸어보게 하는 식으로 경찰이 판단한다. 일부 주에서는 음주측정기를 이용하기도 하는데 어디까지나 증거 수집을 위한 것이다. 우리나라처럼 특정 지점(차를 돌려 도망갈 수 없는 외통수)에서 모든 운전자를 대상으로 기계 음주측정을 하는 일제 검문식 단속이 특별한 예에 속한다. 한국처럼 일제 단속을 하는 나라는 일본과 호주 등 일부 나라에 불과하다.

한국은 신기하리만큼 '기계적 단속'에 대한 거부감이 적다. 심지어 속이 텅 빈 카메라까지 달아놓고 '과속 단속' 경고를 붙여놓기까지 한다. 코로나19 사태로 비대면, 비접촉이 강조되면서 경찰의 일제 검문식 음주단속이 잠시 중단되기도 했다. 그러나 곧 후~ 불지 않고 얼굴 근처에 갖다대 일단 음주 의심 여부를 판단하는 '음주 감지기'를 도입했다. 감지기로 먼저 선별한 뒤 측정기로 측정을 하는 시스템이다. 음주 여부를 판독하는 기술은 더 발전할 것이다.

셋째, '마이카' 시대의 도래다. 1976년 현대자동차에서 포니가 처음 나왔을 때 포니 한 대의 가격은 230만 원 정도였다. 15평짜리 잠실 주공아파트 분양가가 430만 원 정도 하던 시절이었다. 1978년 현대자동차에서 '그라나다'를 내놨을 때 가격은 1,100만 원이었다. 그 돈이면 37평짜리 압구정동 현대아파트를 살 수 있었다. 1980년대 중반까지만 해도 자동차는 부의 상징이었다. 그러다 1985년 '엑셀', '소나타'의 출시를 기점으로 '마이카' 시대가 열리기 시작했다. 1980년대 중후반 '3저 호황'으로 매년 10%가 넘는 경제성장률을 기록했고, 중산층이 늘어나면서 집집마다 차를 사기 시작했다.

차가 생겼으니 타고 다니고 싶다. 그 시절에는 주차요금을 따박따박 받거나 주차단속이 심하지도 않았고, 군대 같은 회사들은 매일 밤 술집에 직원들을 모아놓고 "위하여!"를 외쳤다. 그렇게 1차에 2차에 3차까지 술판이 끝나고 나면 '집에 어떻게 가지?' 운전하고 가자니 사고 날까 걱정되고 음주단속에 걸릴까 불안하다. 택시를 타고 가자니 차를 두고 가면 여러 모로 불편하다. 그때 등장한 것이 대리운전이다.

초창기 대리운전은 '고급' 서비스였다. 1980년대에 대리운전은 '자가용'을 타고 오는 부자 손님들을 위해 몇몇 비싼 음식점이나 술집에서 제공하는 특별한 서비스였다. 전용 운전기사가 있는 아주 큰 부자들에게는 필요가 없었지만, 기사를 일찍 귀가시킨 '착한' 사장님들이나, 기사가 없는 오너드라이버(1980년대 중반까지만 해도 '오너드라이버' 자체가 꽤 부자였다)들이 대리운전을 이용했다. 그러다 보니 요금도 한 번에 3~5만 원 정도로 꽤 비싼 편이었다. 부자들이라 팁도 잘 줬다. 요즘 물가로 환산하면 대리운전 한 건에 최소 10만 원에서 많게는 30만 원까지 받았던 것이다.

이때는 대리기사들이 특정 술집이나 식당에 소속돼 일하는 경우가 많았다. 대리기사가 별도의 직업이라기보다는, 술집이나 식당에서 제공하는 서비스였고, 대리기사들도 대부분은 술집이나 식당 종업원, 혹은 택시기사들이 '용돈 벌이' 수준으로 대리기사를 하곤 했다.

그러다 대리운전 시장이 폭발적으로 증가하는 티핑포인트를 맞이한 시점은 1990년대 중반 핸드폰이 등장하면서이다. 핸드폰이 없던 시절에는 술집이나 식당 근처에서 대기하고 있다가 호출을 받으면 대리운전을 하고 다시 자신이 거래하는 술집이나 식당, 혹은 이런 술집이나 식당들이 모여 있는 유흥가로 돌아가서 새로운 호출을 기다려야 했다. 그러나 핸드폰이 생기자 언제 어디서나 콜을 받을 수 있기 때문에 특정 대기 장소를 고집할 필요가 없게 됐다. 대리운전 중개업체가 우후죽순 늘어나게 된 것도 핸드폰이 보급되면서였다. 기사들은 무전기를 들고 다니면서 콜을 공유하며 대리운전 시장을 키웠다.

32. 온통 빨간 점투성이

차를 빼서 최대한 부드럽게 운전을 했다. 처음이기도 하고 남의 차이기도 해서 여간 신경이 곤두서는 게 아니다. 경로는 카카오 대리 어플리케이션의 네비게이터가 안내하는 대로 따라갔다. 20여 분 지나 목적지에 도착했다. 대규모 아파트단지였는데, 네비게이터가 안내하는 곳은 정문까지다. 그 이후부터는 손님의 안내를 받아야 한다.

"저 앞에서 우회전이요. 그 다음에 좌회전이요. 저쪽에 주차해주시면 돼요."

도착할 때 즈음엔 긴장이 풀려 능숙하게 주차를 마쳤다. 안전벨트를 풀며 "도착했습니다"라고 인사를 했다. 그때 뒤통수에서 "수고하셨어요"라는 여성의 목소리가 들려와 화들짝 놀랐다. 너무 긴장해서 뒷좌석에 누가 있는 줄도 모르고 운전만 하면서 온 것이다.

젊은 손님 부부는 차에서 내린 뒤에도 "고맙습니다. 안녕히 가세요"라고 한 번 더 인사를 하면서 사라졌다. 제법 기분이 좋았다. 돈을 받고 한 일이지만 누군가에게 도움이 되는 일을 했다는 뿌듯함도 생겼다. 역시 따뜻한 미소와 환대는 박카스 한 박스의 피로회복 성분이 들어 있다.

난생 처음 대리기사 콜에서 친절한 손님을 만난 덕에 자신감이 뿜뿜 솟았다. 스마트폰 어플리케이션에 표시된 요금은 1만 2,000원이었다. 여기서 카카오가 수수료로 20%를 떼고나면 내가 받는 돈은 9,600원이다. 콜을 잡고부터 목적지에 도착해 주차하고 인사한 뒤 빠져나올 때까지 30분 정도 걸렸으니 나쁘지 않은 수입이다. 시간당 임금으로 치면 1만 9,200원 아닌가.

잘 아는 동네이기 때문에 어디에 술집이 많은지 잘 알고 있었다. 번화가까지는 걸어서 10분 거리. 걸으며 다시 대리 어플리케이션에 시선을 고정시켰다. 번화가에 도착했지만 콜은 쉽게 잡히지 않았다. 어플리케이션에 표시된 대리기사 숫자도 내가 출발했던 곳보다 몇 갑절은 돼 보였다. 온통 빨간 점투성이어서 지도가 아예 붉게 물들었을 정도다.

간간이 콜이 떴지만 게 눈 감추듯 사라졌다. 그렇게 30분이 흘러 9시가 됐다. 8시부터 일을 시작해 9,600원짜리 한 건을 했으니, 내 수입은 시간당 임금으로 환산했을 때 1만 9,200원에서 9,600원으로 반토막 난 셈이다. 대리기사는 사실상 자영업자다. 그 누구도 그들의 대기 시간에 임금을 지급하지 않는다.

갑자기 회사 다니던 시절이 생각났다. 외부 필자의 원고가 들어올 때까지 아무 일도 하지 않고 3시간을 기다렸다고 해서 3시간만큼 임금을 깎지는 않는다. 쿠팡 물류센터에서 일할 때도 주문이 없어서 15분 정도 쉬었다고 해서(물론 그런 일은 없지만) 15분만큼 임금을 깎지는 않는다.

전날 술을 많이 마셔 컨디션이 좋지 않거나, 할인 마감이 5분 남은 청바지를 사려고 인터넷 쇼핑을 하거나, 상사와 다투고 심사가 뒤틀렸거나, 회사 동료들과 점심 먹고 커피 한 잔 하다가 30분 늦게 돌아온다거나, 방금 업데이트 된 웹툰을 보느라

10분을 낄낄거리거나, 갑자기 밑도 끝도 없이 우울해져 넋이 나가 있거나…. 이런 등등의 비업무 시간을 계산해 월급을 깎는 경우는 없다.

고백컨대, 일을 하기 싫을 때, 회사를 그만두고 싶을 때 혼자 계산기를 두드리곤 했다. 내 월급이 300만 원이니까 이걸 30일로 나누면 일당이 10만 원인 셈이고, 여기에 주말 빼고 20일로 계산하면 일당은 15만 원이고, 15만 원을 8시간으로 나누면 시간당 1만 8,750원을 버네. 그냥 오늘 하루 버티면 앉아서 15만 원 버는 거다. 물론 별도의 수당을 쳐주지 않는 잔업과 시간외근무가 있지만, 빈둥거릴 여지가 있어 퉁 쳐지는 것 아니겠나. "국방부의 시계를 거꾸로 매달아도 시간은 간다"며 버티는 육군 말년 병장처럼 월급날을 기다리며 버티던 날들도 있었다.

그러나 대리기사와 같이 '건당' 수수료가 지급되는 방식에서 대기 시간은 고스란히 대리기사의 비용이다. 그래서 대기 시간이 길어질수록 초조해질 수밖에 없다. 마치 지갑에서 지폐가 한두 장 씩 사라지는 느낌이 든다. 어떤 대리기사는 "대기 시간이 길어질수록 멘탈이 무너진다"고 한다. 내 멘탈도 무너질 무렵 새로운 콜이 떴다.

33. 겨우겨우 최저임금

호출한 곳은 번화가에서 약간 떨어진 아파트 단지였다. 목적지는 한강 건너 방화동. 잠깐 고민이 됐지만 일단 받기로 했다. 그때 시각이 밤 9시 30분 정도여서 방화동이면 어떻게든 대중교통으로 집에 돌아올 방법이 있을 것 같았다. 콜을 수락하고 다시 바삐 걸었다. 1킬로미터를 걷는데 보통 10~13분이 걸린다. 땀이 흐를 정도로 바삐 걸으면 7~9분도 가능하다. 보통 대리기사를 부른 손님들이 참고 기다리는 시간은 15분이 한계라고 한다. 나는 8분 만에 도착했다. 이마에서 흐른 땀이 마스크를 적시고 있었다.

이번에도 손님은 차 안에서 기다리고 있었다. 차는 현대 아반떼. 제법 익숙한 차여서 이번에는 처음부터 당황하지 않고 운행을 시작했다. 카카오 대리 어플리케이션의 경로를 따라 가고 있었다. 네비게이터가 오른쪽 진출로로 빠지라고 해서 200미터 앞에서 깜빡이를 켜고 오른쪽 차선으로 붙고 있었다.

조수석에 있던 손님이 갑자기 "저 앞에서 좌회전이요"라고 외쳤다. 황급히 깜빡이를 왼쪽으로 바꾸고 순식간에 차선 세 개를 넘어 좌회전 차선 정지선 앞으로 끼어들었다. 마침 좌회전 신호로 바뀌어 자연스럽게 차를 틀어 돌아갔지만 뒤따르는 차들이 보면 "저 미친 놈"이라고 할 만한 운전이었다. 네비게이터는 신호를 안 받는 우회로를 택했는데, 차주는 자주 다니는 길이라 신호를 받더라도 좌회전을 하는 게 낫다고 생각하는 모양이었다.

한 번의 고비를 넘기고 목적지에 도착했다. 지하주차장 입구의 차단기가 올라가지 않았다. '뭐야. 운전자 안면인식이야?' 혼자서 실없는 생각을 하고 있는데, 차주는 "뒤로 뺐다가 크게 돌아 다시 진입하라"고 했다. 차단기가 차량 앞에 붙어 있는 RFID 태그를 인식하려면 진입 각도를 맞춰야 했다. '남의 차'를 운전해 '남의 집'에 가다보면 별의별 변수가 다 있다.

빈자리를 찾아 주차를 한 뒤 자동차 키를 건네주며 꾸벅 인사를 한 뒤 다시 거리로 나왔다. 요금은 1만 5,000원이었다. 수수료 3,000원을 떼면 1만 2,000원이 남는다. 운행을 마친 시각은 10시 30분. 앞의 건과 합쳐 2시간 30분 동안 2만 1,600원을 벌었다. 시간당 임금으로 환산하면 8,640원. 가까스로 최저시급은 넘겼다.

가장 바람직한 케이스는 방화동에서 일산 가는 콜을 잡아 돌아가는 것이지만 어디 세상 일이 내가 원하는 대로만 움직이던가. 어쨌건 아직 퇴근하기에는 이른 시각(10시 30분)이기 때문에 다른 콜을 잡아보기로 했다. 어플리케이션에 머리를 박고 주변에 유흥가일 만한 곳을 뒤지기 시작했다. 전혀 모르는 동네이지만 '빨간 점'(대기 중인 대리기사들)이 많은 곳일수록 유흥가일 확률이 높을 것이라고 추론했다. 빨간 점들을 향해 15분 정도 걷다 보니 다시 콜이 떴다. 목적지는 신월동. 나쁘지 않았다. 신월동까지 가면 홍대나 신촌으로 갈 수 있어 귀가 길이 편해질 것 같았다.

다시 바삐 걸어 손님을 태우고 운행을 시작했다. 운전하는 데는 큰 어려움이 없었는데, 이번에는 주차가 난관이었다. 지하주차장이 없는 오래된 아파트 단지였고, 늦은 밤 주차장은 이미 이중삼중으로 주차된 차로 가득했다. 단지 안을 서너 번 돌고나서야 주차를 할 수 있었다. 네비게이터 상의 출발지에서 목적지까지의 운행 시간은 15분 정도였지만, 주차하는 데 20분 이상을 써버렸다. '시간이 돈'인 대리기사들에게, 그것도 피크 시간에 주차장에서 허비하는 시간은 비용이다. 시간이 금이라고!

세 번째 콜까지 마치고 나니 자정이 가까워져 있었다. 홍대나 신촌으로 나가는 콜을 기다리기로 했다. 일단 그 근처에만 가면 집에 가는 버스가 새벽 2시까지 있다. 콜이 없지는 않았다. 역시나 내 손가락에 걸리기 전에 사라질 뿐. 제법 오래 떠 있는 콜들도 있었다. 인천 서구로 가는 콜, 경기도 광주시 오포로 가는 콜, 상계동 가는 콜 등등. 어느 하나 언뜻 손이 가지 않았다. 요금은 제법 셌다. 적게는 2만 5,000원에서 많게는 4만 5,000원까지 나왔다. 그러나 그 시간에 거기에 들어가면 '탈출'하는 데 더 많은 택시비가 들 것이 분명했다.

다른 대리기사들도 비슷한 생각이니까 이런 콜들을 안 잡는 것이겠지. 그래도 결국 그런 콜들도 누군가가 받고 모두 사라졌다. 그렇게 콜들이 떴다 사라지는 것을 구경하다 자정이 넘었다. 보통 밤 11~12시에 잠이 들어 새벽 5~6시면 일어나는 새벽형 인간인 나의 두뇌는 셧다운 되고 있었다. 이제 콜이고 뭐고 일단 집에 가는 길이 걱정됐다.

34. 똥콜 잡는 것도 서러운데

다행히 멀지 않은 곳에 심야버스(N라인)가 서는 정류장이 있었다. 일단 심야버스를 타고 홍대나 신촌에 가서 고양쪽으로 가는 콜을 잡아보기로 했다. 심야버스는 처음 타봤는데 배차 간격이 30~50분이었다. 버스 정류장에서 한참을 기다려 버스에 올라탔다. 버스를 타고 가는 동안에도 대리기사 어플리케이션을 켜두고 있었다. 가는 도중에 콜이 뜨면 얼른 잡아 운행을 할 생각이었다. 버스가 지나가는 동네마다 약간씩의 차이는 있지만 대리기사를 나타내는 빨간 점이 끊임없이 등장했다 사라졌다. 그런데 빨간 점 4개가 사라지지 않고 내가 가는 경로 그대로 따라오고 있었다. 훗~. 그 버스에 나 말고도 3명의 대리기사가 더 타고 있었다.

버스가 양화대교를 건너 합정역 네거리에 접어들었다. 헉! 새벽 1시 30분임에도 어플리케이션 지도 화면이 빨갛게 물들었다.

'아, 여기서 콜을 잡을 가망은 없겠구나.'

버스에서 내리지 않고 신촌까지 가서 내렸다. 신촌은 홍대보다는 빨간 점이 적었다. 버스정류장 벤치에 앉아 콜을 기다렸다. 버스정류장에는 6명 정도가 있는데, 그중 나를 포함해 셋은 얼핏 봐도 대리기사였다. 대리기사는 보면 티가 난다. 편하면서도 단정해 보이는 복장에 보조배터리에 연결된 스마트폰을 뚫어지게 쳐다보고 있으면 대리기사일 확률이 50% 이상이다.

내 옆에 앉아 있던 중년의 남성이 말을 걸어왔다. 그가 보기에도 내가 딱 대리기사 '꼴'이었나 보다.

"오늘 콜 많이 잡으셨어요?"

"8시에 나와서 3건 했어요."

"초보이신가 보네. 요즘 코로나 때문에 어려워도 하룻밤에 5건은 해야 잠 안 자고 일한 보람이 있을 건데."

"…."

"뭐 써요? 카카오?"

"네."

나는 '초보' 커밍아웃을 한 셈이었다. 대리운전계의 최강자인 '로지'와 같은 프로그램을 안 쓰고 카카오만 쓰는 대리기사는 초보이거나 부업 대리기사다. 그는 내가 초보임을 간파하고 약간 약 올리듯이 대화를 이어갔다.

"하루 종일 똥콜 타셨겠구만."

"똥콜이요?"

"요금 낮고, 한번 들어가면 나오기 어려운 동네 들어가는 콜이요."

"그러고 보니 그런 것 같기도 하네요."

"좋은 건 눈치 빠른 놈들이 채가고, 초보들은 똥콜이나 타는 거지 뭐."

중년의 대리기사는 카카오에 대한 불만을 쏟아내기 시작했다.

"요즘 코로나 때문에 안 그래도 콜이 줄었는데, 식당 문 닫은 자영업자들까지 죄다 카카오 대리 깔고 대리 뛰고 있으니

원. 그런데 제대로 뛰면 말을 안 해. 카카오 생긴 이후에는 눈치 없는 초보들만 잔뜩 늘어서 온갖 똥콜 다 잡아가니까 대리 요금이 계속 내려가잖아. 내가 대리를 10년 했는데, 10년이 지나도 대리요금은 제자리야. 예전에 현금 장사 할 때는 기본이 이삼만 원에 잔돈에 팁까지 받고 중간에 친구들 내려주고 그러면 네고도 해서 추가요금 받아 짭짤했는데. 카카오는 카드로 따박따박 결제하니까 에누리도 없고 팁도 없고. 좋을 때는 한 달에 사백은 거뜬했는데, 요즘은 이백오십 채우기도 힘들어. 이제 이 짓도 글렀어."

　나는 나도 모르게 죄인이 된 기분으로 푸념을 듣고 있을 수밖에 없었다. 가시방석의 가시에 날을 세우던 중년의 대리기사는 갑자기 손가락을 몇 번 놀리더니 "강남 하나 잡았네. 나 먼저 가요. 한 석 달 하면 똥콜 거르면서 탈 수 있을 거요. 수고하쇼"라며 자리를 털고 일어섰다. 그의 뒷모습은 마치 경보선수 같았다.

35. 기술과 저가 경쟁의 꼬리 물기

이날 내가 어플리케이션을 종료하고 귀가 버스에 오른 시각은 새벽 2시. 저녁 8시에 시작해서 6시간을 일하고 벌어들인 수익은 4만 2,000원. 수수료 20%를 제하면 3만 3,600원. 시급으로 치면 5,600원 꼴이다. 최저임금(8,590원 기준)에 못 미칠 뿐만 아니라, 야간 근로(밤 10시 이후) 수당이 '곱하기 1.5'(시급 1만 2,885원)임을 감안하면 격차가 더 커진다. 차라리 쿠팡 물류센터에서 오후조로 일했으면 7만 7,000원은 거뜬히 벌 수 있었다.

물론 내가 더 비싼 요금의 콜을 더 많이 수행했다면 이야기가 달라지겠지만, 초보로서 감수해야 할 '수습' 임금이라고 생각해도 그다지 매력적인 일자리는 아닌 것 같다는 생각이 들었다. 무엇보다 대기시간이 길어질수록 수익이 줄어든다는 점은, 이 일자리가 시장의 수급에 큰 영향을 받을 수밖에 없는 일자리라는 점을 증명한다.

버스정류장에서 만난 10년 경력의 대리기사가 푸념했듯이 대리운전 요금이 제자리인 이유는 대리기사 공급이 늘었기 때문이다. 이 역시 '기술의 발전' 영향이 크다.

1990년대 중후반 핸드폰이 대중화 되면서 대리운전 시장이 급격히 성장했지만 대리운전 요금은 급전직하했다. 대리운전이 돈이 된다는 소문이 퍼지자 대리운전 중개업체가 우후죽순 생겨 치열한 경쟁을 벌였다. 식당과 술집 카운터에는 각종 대리운전 전화번호가 담긴 명함 케이스와 라이터가 진열됐고, 유흥가 전봇대와 담벼락 등에는 대리운전 광고 스티커가 다닥다닥 붙었으며, 길거리에는 담배꽁초보다 대리운전 전단이 더 많이 굴러다녔다.

외우기 쉬운 좋은 전화번호에는 몇 억 원의 프리미엄이 붙었고, 라디오와 TV에도 대리운전 광고가 등장했다. 기본요금이 순식간에 1만 원 대로 떨어졌고, 덤핑 경쟁이 치열해지면서 심지어 기본요금이 5,000원인 업체까지 등장했다. 일단 손해를 보더라도 시장점유율을 높여 지배적 사업자가 되는 전략이었으나, 업체들끼리 "이제 제 살 좀 그만 깎아먹자"고 자성의 목소리를 내야 할 정도였다.

대리운전 시장의 진입장벽은 기술의 발전과 함께 계속 낮아졌다. 2000년대 들어 핸드폰이 PDA로 진화하는가 싶더니 스마트폰이 등장하면서 결정적인 변화를 맞이하게 됐다. 지리를 잘 몰라도 스마트폰의 네비게이션 어플리케이션으로 전국 어디든 갈 수 있게 되었다. 대리기사가 되기 위해 다소 부담스러운 면접을 거칠 필요도 없다. 은행에서 비대면 계좌 개설을 하듯이 스마트폰 어플리케이션을 설치하고 간단한 등록과 인증 절차만 거치면 누구든 대리기사가 될 수 있다. 사실상 진입장벽이 사라졌다. 운전면허 소지자 3,200만 명 누구나 대리기사가 될 수 있다.

허리 높이로 낮아진 대리기사 진입장벽이 카카오가 들어오면서 무릎 높이로 낮아졌다. 카카오는 2016년 대리운전 시장에 뛰어들었다. 카카오가 대리운전 중개업을 한다고 했을 때 대리운전 중개업체들의 반발이 거셌지만, 소비자들은 대리운전 중개업체들 편을 들지 않았다. 오히려 카카오를 반겼다. 대리운전 중개업체들은 카카오에 가입한 대리기사들을 자기들 프로그램에서 추방하는 방식으로 저항했지만 카카오를 막지는 못했다.

36. 카카오의 성공과 한계

2016년 중반 카카오가 처음 대리운전 중개사업을 개시했을 때 카카오 대리운전을 호출해봤다. 직접 전화를 걸어 콜센터 직원과 통화할 필요 없이 스마트폰 어플리케이션 몇 번의 클릭으로 기사가 배정됐다. 어플리케이션 화면에서는 나에게 점점 다가오는 대리기사의 위치가 실시간으로 추적돼 나타났다. 마침내 대리기사가 근처에 도착했을 때 기사에게서 전화가 왔다.

"어디세요?"

GPS의 오차범위가 있기 때문에 근처에 도착해 서로 만나기 위해서는 전화를 걸어 차의 종류와 색깔, 번호, 호출자의 인상착의 같은 걸 파악해야만 한다.

집까지 가는 동안 이런저런 대화를 나눴다.

"카카오 대리, 콜 많이 나오나요?"

"일반 프로그램보다는 확실히 적어요."

"그런데 왜 카카오 대리하세요?"

"카카오가 조금 더 합리적이에요."

"어떤 점에서요?"

"수수료는 20%로 똑같은데 카카오는 프로그램 사용료를 별도로 물지 않고 보험료도 내줘요."

"수수료에 보험료가 포함돼 있겠죠?"

"네. 그런데 다른 대리운전 업체는 수수료 외에도 프로그램 사용료와 보험료를 따로 받아가거든요. 그게 한 달에 15만원 정도 돼요. 한 달에 삼사백 벌면 별로 부담스럽지 않지만, 일이백 버는 달에는 그것도 부담스럽죠."

"카카오는요?"

"그냥 딱 20% 정해져 있어요. 카카오는 수수료에 보험료와 프로그램 사용료 등이 다 포함돼 있어서 그냥 딱 내가 버는 만큼만 수수료로 내면 되는 구조예요."

"그럼 대리기사들이 다 카카오만 하겠네요."

"하하. 그러면 카카오 대리기사 콜 경쟁이 심해져서 콜 수 자체가 줄어들겠죠. 지금은 초창기라 카카오 대리기사가 많지 않은데도 콜이 별로 없어요."

"왜요? 어플리케이션으로 불러보니까 편하고 좋던데. 결제도 자동으로 되고."

"대리 부르는 분들은 술 드신 분들이잖아요. 술 좀 들어가면 익숙한 전화번호로 부르는 게 편하죠. 어플리케이션 만지려면 복잡하잖아요. 그래서 카카오 콜은 11시 이전에 많이 들어와요. 좀 덜 취하신 분들은 카카오 대리 잘 쓰시는데, 11시 넘어가고 그러면 '꽐라'들이 되셔서인지 카카오 대리 콜이 별로 없더라고요. 그리고 대리도 단골 경쟁이 심해요. 대리는 주로 부르는 분들이 부르시거든요. 열 번 부르면 한 번은 무료로 한다든가 하는 쿠폰도 무시 못해요. 하하하."

일반적으로 대리운전을 하기 위해서는 대리운전 중개업체에 등록을 해야 한다. 그래야 대리기사용 보험에 가입하고, 대리운전 중개 프로그램을 사용할 수 있다. 대리기사용 보험료는 나이에 따라 다른데 적게는 월 5만 원부터 많게는 월 15만 원까지 내야 한다. 대리운전 중개 프로그램은 로지, 콜마너, 아이콘 등 다양한데 프로그램 1개당 월 1만 5,000원의 사용료를 내야 한다. 시장 점유율이 가장 높은 프로그램이 '로지'인데, 로지에도 '로지 원', '로지 투', '로지 쓰리', '로지 포' 등 별도의 프로그램이 4개가 있다. 그래서 대리기사들은 1~3개의 프로그램을 사용한다. 그러면 월 1만 5,000원에서 4만 5,000원의 프로그램 사용료를 내야 한다. 이 외에 대리운전 중개업체에 '관리비' 명목으로 내는 돈도 월 1만 5,000원 정도이다. 따라서 대리운전을 하려면 적게는 8만 원, 많게는 16만 5,000원까지 고정 비용이 들어간다. 물론, 건당 대리요금의 20% 수수료는 별도다.

이와 같은 대리운전 업계의 수수료 관행을 깬 곳이 카카오다. 카카오는 수수료 20% 안에 보험료, 프로그램 사용료, 관리비를 모두 포함하고 있어 별도의 고정 비용이 들지 않는다. 대리기사에게 상대적으로 유리한 수수료 체계, '카카오'라는 시장 지배적 플랫폼 사업자의 지위, 자본력 등으로 카카오 대리가 순식간에 시장을 장악할 것 같았지만 현실은 그렇지 않다. 카카오 대리의 시장 점유율은 매년 올라가고 있지만 독점적 위치에는 미치지 못하고 있다.

　가장 큰 이유는 대리기사 진입 장벽을 낮춰 부업 대리기사가 대거 시장에 유입됐고 콜 경쟁이 엄청나기 때문이다. 전업으로 대리운전을 하는 대리기사 중에서 카카오 대리만 하는 기사는 거의 없다. 어플리케이션을 켜면 나오는 주변 대기 카카오 대리기사 빨간 점만 봐도 숨이 턱 막히는데다, 좋은 콜을 잡기도 쉽지 않기 때문이다. 그래서 전업으로 활동하는 대리기사들은 카카오 대리를 이용하지 않거나, 이용해도 보조로 이용하는 경우가 많다. '현금 콜'만 고집하는 대리기사들에게도 '앱 내 결제'가 일반적인 카카오는 별로 반갑지 않다.

비올 때 비 안 맞아서 좋고, 네 발 달린 차를 운전하니 안전해서 좋고, 초기 비용이 안 드니 부담이 없어서 좋다고는 하지만, 대리기사도 결코 쉬운 일은 아니다. '누구나' 시작할 수 있는 일이지만, '잘'하기 위해서는 어느 정도의 숙련이 필요하다.

첫째, 다양한 차종의 조작법을 익혀야 한다. 알고 보면 간단하지만 차마다 주차 브레이크의 위치와 방식, 기어 노브의 조작법, 시동 거는 법 등이 조금씩 차이가 난다. 차의 크기도 다르기 때문에 교차로에서 회전하거나 차선을 변경할 때, 주차할 때 조금씩 신경을 써야 한다.

　　요즘은 거의 찾아보기 힘들지만 수동기어 차량은 자신이 운전을 할 수 있을지 없을지 신중하게 판단해야 한다. 운전자와 키와 팔 다리의 길이가 항상 같을 수 없기 때문에 운전석 시트 조절을 하는 방법도 알아야 한다(그래서 평균키의 대리기사가 유리하다). 이 모든 것들은 어디서 나 홀로 따로 연습을 할 수 없다. 경험이 쌓여야 익숙해진다.

둘째, 네비게이터 사용법에 숙달돼야 한다. 네비게이터를 켜고 다녀도 자신에게 익숙한 길을 다니는 것과 생판 처음 가보는 곳을 달리는 것에는 큰 차이가 있다. 그것도 야간에 다니다 보면 진입로를 놓치거나 좌회전 차선을 놓치는 경우가 종종 있다. 비 오는 날 밤에는 차선도 잘 보이지 않는다. 덕분에 돌아가게 되면 술을 드신 차 주인은 짜증이 나고, 대리기사도 시간을 잃어 손해를 보고 마음만 급해져 업무 스트레스가 높아진다.

셋째, 손님과의 커뮤니케이션 방법도 익혀야 한다. 요즘은 '닥치고 운전만'이 기본이다. 대리기사에게 말을 거는 차주들도 줄었다. 하지만 술 한 잔 걸친 손님들이 말을 걸어오면 적당히 대꾸를 해야 한다. 마음이 맞아 정말 즐겁게 대화를 하면 좋지만, 언제나 그런 손님들을 만나는 건 아니다. 보통 맞장구 쳐주면 얼추 넘어가는데, 듣기 힘든 말을 할 때도 있다.

　보통 "나때는 말야"로 시작하는 '라떼족'이거나 "요즘 애들은 말야"로 시작하는 '꼰대족'의 푸념이면 차라리 낫다. 어쩔 때는 하룻밤에도 진보와 보수의 경계를 넘나드는 이념적 정체성의 혼란을 맛볼 수도 있다. 감정노동이 심한 일이다. 적당히 능치며 목적지까지 분위기 좋게 도착하는 것도 능력이다.

넷째, 무엇보다 중요한 게 '똥콜' 거르는 능력. 출발지에서 목적지까지 거리와 예상 시간 등에 따른 적정가를 파악하고 있어야 한다. 예를 들어 같은 거리를 가도 몇 시인지에 따라 길이 막히는 구간이 있고 덜 막히는 구간이 있다. 같은 요금이어도 막히는 콜을 잡으면 손해가 이만저만이 아니다. 대리기사에게는 시간이 돈이다. 목적지를 확인하고 탈출방법을 계산해 콜 수락 여부를 판단하는 것은 사실상 불가능하다. 좋은 콜은 1초 안에 사라진다.

다섯째, '탈출'에 대한 정보를 꿰차고 있어야 한다. 어디를 가면 다시 콜을 잡을 확률이 높고, 어디를 가면 심야버스가 다니고, 어디를 가면 대리회사 셔틀이 다니고, 어디를 가면 택시 합승이 가능하고, 어디를 가면 시내버스 막차가 몇 시고, 어디를 가면 시내버스 첫차가 몇 시인지 등을 알고 있으면 콜을 잡을 때 훨씬 수월하다. 콜이 뜨는 순간 동선을 그릴 수 있어야 똥콜을 잡을 확률도 떨어진다.

여섯째, 콜이 잘 잡히는 지역을 파악하고 있어야 한다. 강남역, 홍대, 종로, 신림 등 '콜이 많은 지역'이 무조건 좋은 지역이 아니다. 그만큼 진을 치고 있는 대리기사도 많기 때문에 경쟁이 치열하다.

그에 비해 은근히 콜이 많이 나오는 부도심 중심지들이 있다. 예를 들어, 같은 사이즈의 유흥가여도 홍대보다 종로가 콜이 더 많을 수도 있다. 홍대에 술을 마시러 가는 사람들은 아예 처음부터 택시나 대중교통을 이용해 가는 경우가 대부분이다. 반면 종로나 여의도에는 차를 갖고 출근했다가 술 한잔한 뒤 대리를 불러 퇴근하는 사람들이 제법 많다.

이런 것들은 어디서 교육받을 데도 없고 수습으로 따라다니면서 사수가 가르쳐주지도 않는다. 유흥가에서 대기하다 보면 편의점 같은 곳에서 동료 대리기사들을 만나 수다 떨며 귀동냥하며 배우는 것도 좋은 방법인데 체계적이지는 않다. 요즘은 유튜브에 온갖 동영상이 올라오기 때문에 유튜브를 검색해 학습

하거나 대리기사의 블로그를 읽어보는 것도 좋은 참조가 된다. 그러나 결국은 홀로 헤쳐 나가야 한다. 오로지 홀로 밤거리를 배회하며 술 드신 분들을 찾아야 하는 대리기사는 분명 고독한 직업이다.

38. 왜 대리운전은 되고 타다는 안 됐을까?

일의 '보람'이라는 측면에서 대리기사는 쿠팡이나 배민에 비해 다소 떨어졌다. 손님 중 9할은 젠틀하고 얌전하지만 언제나 1할의 진상은 있는 법이다. 특히 심야 시간으로 갈수록 진상을 만날 확률이 높아진다. 곤드레만드레가 되어 목적지에 도착했는데도 안 일어나는 손님이 있으면 그나마 양반이다. 현금이나 카드결제인 경우 무조건 깨워야 하지만 선결제를 한 경우에는 5분 정도 깨워보다가 어쩔 수 없이 차에 두고 떠날 수밖에 없다. 내 친구 중에는 "대리 불러 집에 갔는데, 아침에 깨보니 차 안에 있더라"는 게 술버릇인 놈도 있다.

요금 갖고 시비하는 경우는 많이 줄어들었지만, 동행 세 명 태우고 세 명의 집을 다 들렀다 가는 경우에는 계산이 조금 복잡해진다. 같은 방향이면 봐줄 만한데 완전 빙 둘러 돌아가는 경우도 생긴다. 탑승자가 여러 명이면 각각의 목적지를 물어보고 사전에 네고를 확실하고 분명하게 해야 한다.

집에 도착해 주차까지 했는데, 차가 주차선에 평행이 안 됐다면서 계속 다시 대라는 고객도 있다. 콜을 잡고 갔는데 계속 술 마시느라, 노래 부르느라 함흥차사인 고객도 있고.

무알콜 맥주를 기다리는 임산부와, 곱창볶음에 환호하는 초등학생의 환한 미소를 기대했다면 대리는 별로 좋지 않은 직업이다. 그럼에도 불구하고 대리기사의 사회적 순기능을 무시할 수는 없다. 바로 음주운전 예방. 우리나라처럼 대리운전이 활성화된 나라도 드물다.

　대리운전이 하나의 산업으로 자리 잡게 될 수 있었던 것은 음주운전을 예방한다는 사회적 공감대가 있기 때문이다. 미국 일부 지역에는 '지정운전자 프로그램'이 있고, 벨기에와 독일 헤센 지방에는 'BOB', 일본에는 '핸들키퍼' 등이 있다.[1] 일행 중 한 명은 술을 마시지 않고 운전을 하도록 하는 제도다(지정 운전자에게는 무알콜 음료를 제공한다). 하지만 그리 활성화 돼 있지도 않고 실효성도 별로 없다.

　음주운전이 적발될 경우 음주 운전자는 물론, 동승자에 술 을 판 사람까지 처벌을 받는 일본의 경우, 우리나라처럼 대리 운전이 산업으로 정착돼 있는 경우다. 그런데 일본은 대리운전 에 관한 법령이 마련돼 있고, 대리기사의 자격과 사고 시 보상 등이 제도적으로 보장돼 있다. 한 가지 특이한 점은 대리기사 한 명이 단독으로 대리운전을 수행할 수 없고, 대리기사의 대 리운전이 종료되면 그를 픽업하기 위한 차량이 반드시 함께 운 행돼야 한다는 점이다. 이에 비해 우리나라는 아직 관련 법령 하나 없다.

"관련 법령이 없다"는 점이 역으로 대리운전이라는 산업이 커 갈 수 있던 배경이기도 하다. 비교할 수 있는 예가 '우버'와 '타 다'다. 미국에서 대안 택시(혹은 유상 히치하이킹)로 시장을 장악한 우버는 2014년 한국에 진출하려 했으나 "자가용으로 유상운송행위를 할 수 없다"는 국내 법 규정 때문에 사업을 시 작하지 못 했다. 이어 2018년에는 '타다'가 등장했다. 타다는

"11인승 이상 승합차는 기사를 포함해 대여할 수 있다"는 조항을 이용해 사실상 택시 영업을 했다.

소비자 입장에서는 내가 탈 차가 '아', '바', '사', '자'로 시작하는 노란색 번호판의 택시인지 '하', '허', '호', '후'로 시작하는 흰색 번호판의 타다인지 중요한 게 아니다. 더 안전하고 친절하며 깨끗한 이동 수단을 원할 뿐이다.

혁신은 기술만으로 이뤄지지 않는다. '서비스 혁신'도 혁신이다. 타다가 '승차 거부' 없는 강제 배차 시스템을 들고 나오자 서울시 택시 승차 거부 관련 민원이 절반 정도 줄었다는 통계가 나올 정도였다.[2]

타다는 시장에서 선풍적인 인기를 끌었고, 선풍적인 인기만큼 택시 기사들도 격렬하게 저항했다. 법을 이용해 영업할 수 있다는 것은 법을 바꾸면 영업을 할 수 없다는 말과 같다. 관련법이 개정됐고 타다는 영업을 중단했다. 반면 대리운전은 어떠한 법 조항으로도 규제할 수 없었고, 시장에 서서히 스며들어 그 누구도 규제할 생각을 하지 않았다. 어느새 하나의 산업이자 문화가 됐고, 오히려 '양성화'를 위한 법을 정해야 한다는 목소리가 높아지고 있다. 맨날 말 뿐이지만.

대리운전 산업은 연간 3조 원 규모로 추정된다. 대리기사 수는 정확하게 파악하기 힘든데, 약 16만 명으로 추산된다.[3] 그런데 생각해보자. 만약 대리운전이 없었다면 술을 마신 사람들은 집에 어떻게 갈까? 아예 처음부터 차를 가지고 오지 않거나, 차를 갖고 왔더라도 주차해두고 택시를 타고 가야 할 것이다. 택시

입장에서는 적어도 2조 원 이상의 시장을 잠식당한 것 아닐까. 신기하리만치 대리운전은 시장에 아무런 저항 없이 스며들었다. "페이스북의 원조가 사실은 한국의 프리챌과 싸이월드야"라는데, 그렇게 치면 "우버의 원조도 한국의 대리운전"이다.

39. 우버와 대리, 노동과 사업 사이

우버는 2009년 미국 샌프란시스코에서 스타트업으로 출발한 기업이다. 초반에는 별로 주목받지 못했지만 에어비엔비Air B&B 등 이른바 '공유경제'가 각광 받으며 우버도 급격히 성장했다(요즘은 더 이상 '공유경제'라는 환상은 이야기하지 않는다). '자동차의 나라' 미국에는 집마다 2~3대의 차가 있는 경우가 많은데, 낮에 집에 주차돼 있는 차들을 이용해 사람들을 태워주고 수익도 얻을 수 있다는 발상에 선풍적인 인기를 끌었다.

2015년 8월, 미국 로스앤젤레스. 나는 다운타운에서 다소 떨어진 외곽의 모텔에 머물고 있었다. 다음 날 공항에 가야 하는데, 버스는 배차 간격도 1시간이고 여러 번 갈아타야 해서 아무리 계산해도 답이 나오지 않았다. 그래서 모텔 주인에게 "아침 6시에 택시를 불러줄 수 있느냐"고 물어봤더니 모텔 주인은 다른 대안을 제시했다.

"택시? 비쌀 텐데. 최소 100달러는 나올 거야. 차라리 우버를 부르지 그래? 공항까지 우버는 50달러면 될 거야."

다음 날 아침 스마트폰에 우버 어플리케이션을 깔고, 처음으로 사용해봤다. 화면에는 주변의 우버 차량들이 지도에 표시돼 움직이고 있었다. 마치 컴퓨터 게임 '심시티' 화면을 보는 것 같았다. 목적지(공항)를 입력하자 차량이 선택됐고, 드라이버의 프로필 사진과 예상 요금이 표시됐다. 수락을 누르자 5분 후에 도착한다는 메시지가 왔다.

얼마 지나지 않아 내가 선택한 차량이 도착했다. 흰색 소나타였다. 우버 드라이버인 제임스는 차에서 내려 반갑게 인사를 하며 짐을 들어 트렁크에 실었다. 30대 초반 정도 돼 보이는 백인 남성이었다. 함께 차에 올라탔다. 차에서는 '새 차' 냄새가 났다.

"안녕. 어디에서 왔어?"

"안녕. 한국에서 왔어."

"한국? 이 차가 휸다이(현대)야."

"그러네. 차 산 지 얼마 안 됐나봐."

"응. 전에는 집에 있던 낡은 중고차로 파트타임 우버 드라이버를 하다가, 풀타임으로 하면서 차를 새로 샀어. 풀타임으로 하려면 평점을 잘 받기 위해 좋은 차가 필요하거든. 차는 아주 마음에 들어. 특히 블루라이트 실내 무드 조명이 좋아."

"풀타임? 우버 수입이 좀 되나 봐."

"100% 만족하는 것은 아니지만 나와 아내가 생활하기에는 부족하지 않아."

"그렇군. 그런데 한국에서는 우버가 불법이야."

"응. 잘 알고 있어. 한국뿐만 아니라 프랑스, 독일 같은 나라들에서도 불법이지. 충분히 이해해. 택시 기사들이 반발하기 때문이잖아."

"그런데 LA도 택시가 있는데, LA는 왜 괜찮지?"

"LA는 정말 큰 도시야. 그런데 택시가 대부분 다운타운에 몰려 있어. 외곽 지역으로는 택시가 잘 가지 않으려고 하는 경우도 많아. 요금도 아주 비싸고. 그래서 우버가 이런 지역을 커버하는 거야. 나도 주로 외곽 지역에서 활동하고 있고. 서로 공생하는 거라고 할까?"

이런저런 대화를 하며 50분 정도가 흘러 공항에 도착했다. 요금은 45달러가 나왔다. 요금은 우버에 등록된 신용카드로 결제가 됐고, 나는 제임스에게 팁으로 5달러를 건넸다. 나는 택시 요금으로 100달러를 쓸 것을 50달러만 썼으니 50달러 이익을 본 셈이다. 우버 요금 45달러 중 제임스에게 가는 몫은 77%, 약 35달러다. 자동차 할부금과 보험료, 유류비는 제임스의 부담이다. 35달러에서 이 비용을 떼면 제임스는 20달러 정도를 벌었을 것이다. 그 사이 택시회사와 택시기사는 100달러를 잃었다.

미국의 우버와 한국의 대리운전은 여러 모로 닮았다.

우버는 미국에 넘쳐나는 자동차와 불편한 대중교통이라는 시장 환경을 통해 급성장했다. 미국 뉴욕시의 교통수단 수송분담률을 보면 지하철 32%, 승용차 25%, 버스 14%, 철도 8%, 도보 8%, 카풀 6%, 택시 1%, 자전거 0.4%, 페리 0.4%이다.[4] 택시보다 카풀을 이용하는 시민이 6배 많았다. 시민들은 카풀 서비스에 이미 익숙했고, 카풀 플랫폼인 우버가 시장에 진입하기 좋은 환경이었다.

대리운전은 앞서 언급했듯이 음주측정기를 동원한 일제 음주운전 단속이라는 환경과 한국의 우수한 치안 환경과 선진적인 기술을 배경으로 발전했다.

무엇보다 우버와 대리운전 모두 관련 법령이 없다는 틈을 파고 들었다. 우버와 마찬가지로 대리운전도 처음에는 '부업' 참여자가 많았으나 점점 전업 기사들이 늘어나고 있다.

사업의 핵심 요소인 우버 드라이버와 대리기사의 노무 제공 형태도 비슷하다. 그게 독립계약자이든, 개인사업자이든, 특수고용형태노동자이든, 뭐라 부르든 직접 고용된 근로기준법상의 근로자는 아니다. 그런 측면에서 미국 우버 드라이버들이 우버를 상대로 벌이고 있는 소송전에 전 세계의 이목이 집중되고 있다.

'고용 없는 성장'으로 탄탄대로를 달리던 우버에게 우버 드라이버들이 "우리도 사실상 우버에 고용된 직원"이라며 법원에 소송을 걸었다. 미국에서도 독립계약자와 직접 고용된 노동자 간의 차이가 크다. 주휴수당, 실업수당 등도 문제지만 국가적 건강보험 시스템이 부실한 미국에서는 회사에서 건강보험을 제공하느냐 마느냐가 삶의 질을 크게 좌우한다.

캘리포니아 법원은 우버에게 'ABC 테스트'를 하도록 하는 법안(AB5)을 만들었다. 이 법에 따르면 우버는 드라이버를 모집할 때 다음 세 가지 질문에 스스로 답해야 한다.[5]

A. 일하는 사람이 회사의 지휘와 통제에서 자유로워야 한다.

B. 일하는 사람이 회사의 주요 사업이 아닌 부문에서 일해야 한다.

C. 일하는 사람이 회사와 다른 독립적인 직업 또는 사업에 종사해야 한다.

법원의 판결로 우버가 드라이버들을 모두 직접 고용했냐고? 아니. 우버는 문항A를 피해가기 위해 몇 가지 정책을 바꿨다. 전에는 고객의 목적지까지 가는 경로를 제시했는데, 이제 드라이버가 알아서 가도록 바꿨다. 드라이버에게 별점을 줘서 평가 등급을 매기는 시스템도 없애는 등 '회사의 지휘와 통제'라고 판정될 수 있는 요소를 지우개로 쓱싹쓱싹 지우고 있다.

문항B에 대해서도 "우리는 고객과 드라이버를 이어주는 어플리케이션을 만드는 기술 기업"이라며 택시 회사가 아님을 강조하고 있다. 드라이버들이 직접 우버 앱을 개발하지 않기 때문에 우버의 주요 사업 부문에서 일하는 게 아니라는 거다.

문항C는 "우버 드라이버는 리프트 드라이버를 해도 되고, 아마존 플렉스 배달을 해도 되고, 직접 고객을 모집해 태워도 된다"며 빠져나가고 있다. 그리고는 막대한 자금을 들여 정계에 로비를 퍼붓고 있다.

우버는 심지어 우버 드라이버를 고용하는 관계 회사를 만들어 '우회 고용'하는 방법까지 검토하고 있다.[6] 어디서 보던 방식이다. 우리나라에서는 '타다'가 드라이버를 직접 고용하지 않고 관계 회사를 통해 고용하며 '불법파견' 논란이 일기도 했다. 어쨌든 우버와 같은 플랫폼 기업들은 직접 고용은 절대 하지 않을 가능성이 높다.

우리나라에서 '요기요'와 '배달통'을 운영하고 '배민'까지 인수한 다국적 기업 딜러버리히어로는 오스트레일리아에서 배달 라이더들의 직접 고용 요구 소송이 이어지자 자회사 '푸도라'를 철수했다.[7] 캐나다에서도 노조가 문제를 제기하자 '푸도라'를 철수하며 파산 신청을 해버렸다. 조건이 불리해지면 미련 없이 손 털고 나가겠다는 식이다.[8]

ABC 테스트를 우리나라에 적용하면 어떻게 될까? 배달대행이든 대리운전이든 플랫폼에서 목적지는 제시해도 경로를 제시하지는 않는다. 라이더에 대한 평점을 매기지도 않는다.[9] 출근하지 않는다고 해고하지도 않는다. 배달대행 라이더는 출근의 의무가 부여되기는 하는데, 역시 계약상 출근의 의무는 없다(불성실자로 찍히면 동네 배달대행 업체들 사이에서 기피인물에 오르긴 한다). 배차를 거부해도 특별한 패널티는 없다. 상습 배차 거부자에게 콜을 지연시켜 보여주는 식으로 일시적인 패널티를 부과하는데 엄격하게 법 적용이 이뤄진다면 이런 것도 금방 사라질 것이다.

한 플랫폼이나 한 회사의 프로그램만 사용하도록 강요하지도 않는다. 서너 개의 프로그램을 쓰는 대리기사도 있고, 여러 배달대행 콜을 받는 라이더도 있다. 국내 플랫폼들은 이미 '사용자성'을 지우기 위해 많은 준비를 해왔다.

'고용' 되기를 원치 않는 대리기사, 라이더들도 제법 많다. 자신이 주업으로 일을 하고 있는 회사에 부업 관련 사항을 알리고 싶지 않은 'N잡러'들. 가압류 상태여서 자신의 소득을 노출시키고 싶지 않은 파산자들. 정말로 고용되지 않은 신분을 유지하고 싶은 '자유로운 영혼' 등 이유는 다양하다. 우버와 배민이 노리는 '인적 자원'은 이들이다.

4장

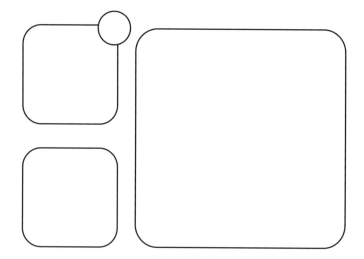

플랫폼 노동의
빛과 그림자

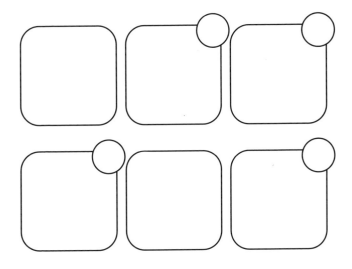

40. 워라밸과 N잡러, 같은 뿌리 다른 얼굴

대학을 졸업하고 취직 후 3년 정도 지난 어느 날 크게 한탄을 한 적이 있다.

"아, 내 인생에서 '방학'이 사라졌구나."

초등학교에 입학할 때부터 대학 졸업 때까지 16년 동안 매년 빠짐없이 여름에는 여름방학, 겨울에는 겨울방학을 즐기며 살아왔다. 취직을 한 후에도 '휴가'는 있었지만 한두 달 연속으로 쉬는 방학과 어찌 비교할 수 있겠는가. 방학이 이렇게 소중한 것이었구나. 학창 시절에 방학을 보다 알차게(정확히 더 치열하게 놀면서) 보냈어야 했는데 그러지 못했던 것 같아 한스러웠다.

방학을 정말 사랑하는 진취적인 사람들은 스스로 방학을 확보하기도 한다. 이른바 '프로 이직러'들. 퇴사일과 새 회사 입사일 사이에 일부러 1~3개월 텀을 둬서 긴 휴가를 즐긴다. 이런 사람들은 '놀기'만 좋아하는 게으른 분들이 아니다. 이 사이에 학원을 다니며 자기계발을 하거나 운동을 해 지친 신체를 단련하는 등 나름 알차게 보낸다.

나는 2020년 1월 다니던 회사를 퇴사했다. 이직이 목적이 아니었다. 여행을 하거나 학원을 다니거나 운동을 할 여유가 없었다. 퇴사 다다음 날부터 쿠팡 일용직 지원을 해 일을 시작했고, 배민에서 배달을 하고, 대리운전을 했다. 그리고 이렇게 틈틈이 글을 쓰고 있다. 오히려 회사 다닐 때보다 바쁘다. 물론 회사에 다닐 때도 밤샘 야근을 하기도 하고 늘 여유로웠던 것은 아니지만.

휴일을 대하는 마음가짐도 달라졌다. 회사에 소속돼 있을 때는 주말에 집착했다. 금요일 오후가 되면 나른해지기 시작했고 저녁이 되면 신이 났다. 토요일은 하루를 온종일 즐기다가 일요일 아침에는 '아직 일요일이구나'라며 안도했다. 일요일 저녁이 되면 우울감이 스멀스멀 밀려 올라온다. 지금은 사라진 KBS 개그콘서트는 일요일 저녁 9시, 우울한 직장인들에게 내일 찾아올 현실을 잊고 킬킬거릴 틈을 주는 위안거리였다.

퇴직 후에는 '주말' 개념이 없어졌다. 이왕이면 사람들 붐비지 않는 평일에 쉬려고 했는데, 회사에 소속돼 있지 않다 뿐이지 일은 계속 있었다. 오히려 '평일에 쉬면 된다'는 생각에 주말까지 일을 하고 있었다. 내가 만난 배달대행 라이더들, 대리기사들 대부분 1주일에 6일, 심지어는 7일을 일하는 경우도 많다. 주휴수당이 없기 때문에 주말까지 일해야 소득을 보전할 수 있어서, 1주일에 6일 일해야 한다는 암묵적 계약 조건 때문에, 조금이라도 더 벌기 위해 등등 이유는 다양하다. 쿠팡 물류센터에 이틀 나오는 일용직도 쿠팡에는 주말에만 나오지만 역시 주 7일 일한다. '투잡'이기 때문이다.

내가 만난 한 대리기사는 주 7일을 일한다고 했다. 전에 다니던 직장에서 하도 일을 많이 시켜 그만뒀다는 그에게 선택권이 생겼는데 왜 7일이나 일하느냐고 물었다.

"이건 내가 선택할 수 있어서 그런지 별로 힘들지 않네요."

기자 시절 '자영업의 위기'를 기획해 취재한 적이 있다. 베이비부머의 은퇴가 가속화되면서 자영업자 증가 속도가 빨라졌고, 자영업 경쟁이 치열해져 영세한 자영업자들이 위기에 처해 있다는 주제였다. 서울 마포에서 죽집을 운영하고 있는 사장님을 만났다. 중견기업에 다니다가 퇴직한 분이었다.

"퇴직한 뒤에 급여만 낮추면 취직할 만한 곳은 있었어요. 그런데 그러고 싶지 않더라고요. 35년을 남 밑에서만 일했잖아요. 더 이상 남을 위해 일하고 싶지 않았죠. 나도 사장님이 되고 싶었어요. 회사 일 외에는 할 줄 아는 게 별로 없어서 찾다 보니 결국 프랜차이즈더라고요. 사실 일은 회사 다닐 때보다 훨씬 더 많이 해요. 그래도 재밌어요. 욕심만 버리면 할 만한 것 같아요. 내 사업이잖아요."

2010년대에는 '워라밸'이라는 신조어가 유행했다. 워크(Work, 일) 라이프(Life, 생활) 밸런스(Balance, 균형)의 앞 글자를 딴 말이다. 야근에 특근에 회식까지 회사에 충성을 다하기보다는 자기의 삶에 더 충실하고 싶다는 것이다. 그래서 정시에 '칼퇴근'한 뒤 자기의 일상을 즐기는 풍조가 생겼다.

이 시기에 해외여행이 폭발적으로 증가했다. 피트니스 센터 등 운동 산업도 급성장했고 각종 소셜 커뮤니티 비즈니스가 생겨나기도 했다. 회사에서도 변화된 세태에 회식을 강요하지 않거나 아예 없앴고, 오후 6시면 컴퓨터를 셧다운시키는 회사도 생겼다. 6시 칼퇴근 직원들을 보면서 혀를 끌끌 차는 어르신 간부들도 있었지만 '워라밸'은 여의도와 종로, 선릉 등 오피스 밀집 지역의 유흥가에 불황을 불러올 정도로 강력한 물결이었다.

갑자기 '자아 찾기' 같은 철학의 시대가 찾아온 걸까? '워라밸' 현상의 이면에는 좌절감이 자리 잡고 있다. 회사에 충성을 다한다 해도 정년을 채울 것을 기대하는 직장인들은 드물다. 참을 인忍 자 세 개를 가슴에 품은 조선시대 며느리도 아니고, 아니꼽고 고까운데 참고 다닐 이유가 없다. 동화《잭과 콩나무》에 나오는 콩나무처럼 하늘을 뚫고 올라간 집값을 보고 있으면 언젠가는 집을 살 수 있다는 희망을 품기도 어렵다. 언제 찾아올지 모르는 부유함을 기다리며 현재의 만족을 포기하는 것은 손해라는 생각이 커졌다.

PIR^{Price Income Ratio}이라는 지표가 있다. '소득 대비 주택 가격 비율', 즉 연봉 대비 집값이 얼마냐는 통계다. 예를 들어 연봉이 1억 원이고 집값이 10억 원이면 PIR은 10이다. 그래서 PIR이 발표될 때면 언론에 "서울 시내 아파트 한 채 사려면 직장인이 10년 동안 월급을 한 푼도 쓰지 않고 저축해야 한다"는 식으로 보도된다. 서울을 기준으로 2000년 PIR은 8 정도 수준이었는데, 2019년에는 11.7이다.[1] 월급보다 집값 오르는 속도가 더 빠르다는 이야기다. 그리고 PIR이 10이라고 해서 집 사는데 10년이 걸리는 것도 아니다.

버는 돈을 한푼도 안 쓰고 살 수 있는 사람은 없다. 월급의 절반을 저축해도 20년이 걸린다. 급여가 낮은 계층일수록 소득에서 저축하는 비율이 낮아진다. 30%를 저축하는 사람은 집 사는 데 38년이 걸린다. 물론 집값 오르는 만큼 급여가 오른다는 전제가 있을 때만. 결국 20대 중반에 용케 취업에 성공해도 상위 10% 고소득 직장인이 되지 않는 이상 정년퇴직한 후에나

집을 살 수 있을까 말까다.

　60대가 돼서 생길 집 한 채를 위해 평생을 노예처럼 살 것인가. 넉넉지 않아도 현재의 즐거움을 누리겠는가. '워라밸'과 함께 '욜로'(Yolo: You only live once), '소확행'(소소하지만 확실한 행복), '미니멀 라이프'(소유를 최대한 줄이는 생활 방식) 등의 새로운 라이프 스타일 신조어들이 쏟아져 나왔다.

그런데 2019년 이후 '워라밸', '소확행', '욜로'라는 말이 일출 직후 새벽안개처럼 사라졌다. 그리고 대신 떠오른 신조어가 'N잡러'다. 'N잡'은 여러 개의 직업을 갖는다는 의미다. 예전부터 '부업', '알바'는 있었다. 대학생들이 용돈(혹은 등록금)을 벌기 위해 하루 3~4시간씩 패스트푸드점이나 편의점에서 아르바이트를 하거나, 아이들이 혼자 밥 차려 먹을 수 있을 정도로 자란 후 주부들이 아이들 학원비를 벌기 위해 마트에서 일한다거나, 퇴근 후에 대리운전을 하는 직장인들은 있었다. 그런데 스마트폰이 나오고 플랫폼 기술이 발전하면서 '알바'의 범위가 넓어지고 '주업'과 '부업'의 구분이 모호해졌다.

　직장인 익명 커뮤니티인 '블라인드'에서 조사한 바에 따르면 직장인 가운데 37%가 '부업'을 겸하고 있는 이른바 'N잡러' 경험이 있는 것으로 드러났다.[2] 형태는 무궁무진하다. 출근 전에 녹즙을 배달한다는 직장인, 퇴근 후에 대리운전을 한다는 직장인처럼 전통적인 형태의 부업만 있는 게 아니다. "유튜브로 강남에 건물 샀다"는 신화가 퍼지면서 퇴근 후에 유튜브를 하는 직장인, 인터넷 쇼핑몰을 만들어 옷과 갖가지 물건을 파는 직장인, 자신만의 노하우를 전자책으로 만들어 판다는 직장인들이 늘어나고 있다.

최근 플랫폼 기업들이 늘어나면서 활발해지고 있는 N잡 분야가 배달이다. 음식점과 B마트 배달을 하는 배민커넥터, 자기 차로 택배를 하는 쿠팡 플렉스가 시장에 뿌리를 내렸다. 유사한 서비스 플랫폼도 계속 늘어나고 있다. 편의점과 마트를 운영하는 GS리테일은 '우딜'(우리동네딜리버리)이라는 배달 서비스를 내놨다. GS리테일은 '은퇴한 노년층, 주부, 퇴근길 직장인'을 활용해 배달을 하겠다고 밝히고 있다.[3] 사람들은 언제든지 'N잡러'가 될 각오가 돼 있고, 'N잡러'를 활용한 비즈니스는 계속 늘어나고 있다.

마치 법정 스님의 '무소유'에 매료된 듯 '워라밸', '미니멀 라이프', '소확행'을 외치던 사람들이 갑자기 돈독에라도 오른 것일까? 아니다. '워라밸'과 'N잡러'는 반대되는 개념 같지만 사실은 뿌리가 같다. 점점 궁핍해지는 삶을 개선시키려는 몸부림인 것이다. 워라밸 해봤더니 "가난에서 벗어나지 못한 삶은 결코 자유로울 수 없다"는 '현타'가 왔다. 미니멀 라이프를 즐겨보려 했으나 갖고 싶은 것이 생겼을 때 내가 살 수 있는데 안 사는 것과 살 수 없어 못 사는 것의 차이가 어떤 건지 느끼게 됐다. 소확행이라고 하는데 소소한 건 그냥 소소한 것일 뿐이다. 그러면 차라리 아등바등 돈이나 한번 제대로 벌어보자는 것이다.

'N잡' 열풍은 여전하다. 배민커넥트니, 쿠팡 플렉스니, 카카오 대리니 내 시간 쪼개 일을 하면 돈을 벌 수 있는 기회도 점점 늘어나고 있다. 이런 플랫폼들은 나이나 성별, 학력도 따지지 않는다. 일하면서 직장 선후배 때문에 스트레스를 받을 일도 없다. 포털에는 "제가 다니는 회사가 겸업을 금지하고 있는데, 회사에 들키지 않고 할 수 있는 부업이 뭐가 있을까요?"라는 질문이 넘쳐난다. N잡러와 함께 등장한 신조어가 '파이어족'이다. 10~20년 동안 죽어라 일해 돈을 벌면서 극도로 지출을 줄여 10억 원 이상의 자산을 만든 뒤 은퇴해 그때부터 워라밸과 소확행, 미니멀 라이프를 즐기는 자유로운 삶을 누리겠다는 것이다.

N잡 열풍 배경에 '부업' 시장의 성장만 있는 것은 아니다. 돈 많이 받고 안정적인 정규직 일자리는 점점 줄어드는 데 비해, 최저임금 수준이면서 불안한 비정규직 일자리만 늘고 있다. 하나의 직장만으로는 빈곤에서 벗어날 수 없기 때문에 시간을 쪼개 평일 새벽에는 녹즙 배달을, 낮에는 콜센터를, 저녁에는 배민커넥터를, 밤에는 대리운전을 하다가 주말에는 쿠팡물류센터에 나간다. 비자발적 'N잡러'다. 어릴 때부터 아침 7시에 학교에 가 밤 11시까지 학원을 도는 빽빽한 스케줄 관리에 익숙하다. 한국에서는 이렇게 살아야 살아남을 수 있다고 배우며 커왔다. 안타깝게도 워라밸이니 소확행은 투정이었는지 모른다.

41. 선생님의 가르침, 1억 종잣돈

2020년 코로나 사태와 함께 한국 사회를 떠들썩하게 했던 새로운 풍경은 '동학개미운동'이다. 2020년 3월 코로나 확산으로 인해 주식 시장이 폭락했는데, 이때 '개미'라 불리는 개인 투자자들이 대거 주식 투자에 나서면서 생긴 신조어다. 특히 새로 주식 시장에 진입한 20~30대가 많았다. 'N잡'을 하면서 개미처럼 일하던 사람들이 자산 시장에까지 눈을 돌렸다.

　1992년 고등학교 때였다. 수능에 나오지 않는 '공업' 과목은 부족한 쪽잠을 채우는 시간이었다. 자기 수업 시간마다 헤드뱅잉 하면서 조는 아이들을 보면서 공업 선생님은 얼마나 속이 터졌을까. 하루는 "내가 지금부터 너희들에게 어느 교과서에도 나오지 않는 진짜 피와 살이 되는 이야기를 해주겠다"며 교과서를 덮으셨다.

　"지금 이 교실에 앉아 있는 놈들 중에 대학에 몇 명이나 갈 수 있을 것 같냐. 50명 중에 5~6명은 인 서울, 10명은 지방대, 15명은 전문대라도 갈 수 있을지 모르겠다. 나머지 20명은 대학 근처도 못 간다. 자기가 나머지 20명이라고 생각하는 사람은 공책에 적으면서 듣고, 인 서울 못 할 것 같은 25명도 귀 담아 들어라."

공업 선생님은 평소에도 "피와 살이 되는 이야기"라며 교과서를 덮고 이야기를 꺼내곤 하셨다. 보통 자동차의 내연기관 구조와 고장 났을 때 응급처치법 등 살면서 써먹을 수 있는 기술

이야기였다. 그런데 이 날은 '피와 살'의 차원이 달랐다. 꾸벅꾸벅 졸던 아이들이 깨어나기 시작했다.

"고등학교 졸업하면 자원입대해서 군대 먼저 갔다 와라. 군대 갔다 와서는 어디든 취직해라. 일을 하는 동안은 하루에 한 끼만 먹으면서 버는 돈의 80% 이상을 저축해라. 그렇게 해서 최단 기간에 1억 원을 모아라. 1억 원을 모으면 삼성전자 주식을 사거나 분당에 아파트를 사라. 1억 모으기가 어렵지 1억이 2억 되고 2억이 4억 되고 4억이 8억 되고 8억이 16억 되는 건 쉽다. 그게 자본주의 사회다."

1992년이면 삼성전자 주가가 2만 원, 분양을 시작한 분당 32평 아파트가 5,000만 원 정도 하던 시절이다. 1억 원이면 삼성전자 주식 5,000주를 살 수 있고, 분당 아파트 2채를 살 수 있었다. 2020년 시세로 계산하면, 그 사이 삼성전자 주가는 300만 원(액면 분할 전 기준)이 됐고 분당 아파트는 10억 원이 됐다. 1억 원어치 주식을 샀으면 150억 자산가가 돼 있을 것이다. 분당에 아파트 2채를 샀으면 20억 자산가가 됐을 것이다. 진짜 '피와 살'이었다. 공업 선생님의 가르침을 흘려들었던 내가 한심했다.

그런데 공업 선생님의 가르침을 시행했다고 해도 틀림없이 나는 150억 자산가는 못 됐을 것이다. 일단 군대에 갔다 와서 취직해 하루에 한 끼만 먹고 저축을 한다고 하더라도 1억 원을 모으려면 최소 10년은 걸린다(군대 3년에 취직 후 연 1,500만 원 저축 기준. 고졸은 저임금이고, 1994년 최저임금은 시급 1,085원이었다). 1억 원을 모아 2001년에 삼성전자 주식을 샀다고 치자. 그 사이 주가가 많이 올랐다. 2001년 초 삼성전자 주가가 30만 원이었으니, 300주밖에 못 샀을 것이다. 300주라도 샀으면 150억 원 자산가는 못 됐어도 18억 원 정도가 돼 있을 수도 있다. 그러나 그렇지 않을 확률이 99%다.

2001년에는 IT 버블 붕괴와 9·11 테러까지 벌어져 주가가 폭락했다. 하루에 한 끼 먹으며 10년을 모은 돈이 순식간에 반의 반 토막 나는 모습에 소주병 들고 한강에 갔을지도 모른다(고등학교 동창 중 한 명은 대학 시절 주식 투자로 큰돈을 벌었으나 IT 버블 붕괴 때 쫄딱 망해 폐인처럼 살던 놈도 있다). 그때 잘 버텨 이후 상승 흐름을 탔더라도 원금 회복하고 5% 수익만 나면 놀란 가슴 쓸어내리며 다 팔아치웠을 것이다. 그러니까 1992년을 기준으로 당시 갖고 있던 주식을 여전히 갖고 있어서 150배의 수익을 그대로 누린 사람은 이건희, 이재용 부자 외에는 없을 것이다.

학창 시절에 '생산의 3요소'라는 걸 배웠다. 토지-노동-자본. 농업의 시대에는 땅(토지)이 가장 중요했다. 땅을 많이 가진 자가 부와 권력을 쥐었다. 권력을 가진 자가 땅과 부를 쥐기도 했다. 큰 공장을 세워 대량생산을 하는 공업의 시대에는 돈(자본)이 중요했다. 그렇다면 '노동'은? 노동이 중요하지 않았던 시대는 없다. 단지 그 가치의 차이가 있을 뿐.

1억 원짜리 집을 빌려줘서 50만 원의 월세를 받는다면 연 수익률은 6%다. 1억 원을 은행에 예금해 200만 원의 이자를 받았다면 연 수익률 2%다. 1억 원짜리 집의 값이 오르거나, 1억 원어치 주식을 샀는데 주가가 올라 이익을 볼 수도 있다(반대로 가격이 떨어질 수도 있다).《21세기 자본》의 저자 토마 피케티에 따르면 자본 수익률(부동산이나 주식, 예금 등 자산의 성격이 강한 자본을 포함)은 평균 5% 정도로 나타났다. 1억 원이 있으면 1년에 500만 원을 벌 수 있다는 이야기다. 경제성장률이 5%를 넘으면 불평등이 완화되지만 경제성장률이 5% 아래로 떨어지면 자본을 소유한 자산가들의 수익률이 높아진다는 뜻이다.

'부자'는 얼마가 있어야 부자일까? 28년 전 학창 시절 공업 선생님은 '1억 원'을 제시했는데, 요즘 유행하는 '파이어족'들의 목표는 10억 원이다. 10억 원에 평균 자본 수익률 5%를 적용하면 1년에 5,000만 원의 수익을 얻을 수 있다. 세금을 떼도 아껴 쓰면 1년 정도는 일을 하지 않고도 먹고 살 수 있는 돈이다. 하지만 10억 원이 모이기 전에는 노동 수익률이 가장 높다. 일을 해서 1년에 연봉 5,000만 원을 번다면 내 노동력의 자본 가치가 10억 원이다(10억 원의 5% 기준). 연봉이 1억 원이면 내 노동력의 자본 가치는 20억 원이다. 좀 비정하게 들리지만 이런 걸 '인적 자본'이라고 한다. 우리는 알게 모르게 인적 자본의 가치를 높이기 위해 상당한 투자를 하고 부단히 노력하며 치열하게 경쟁한다. 다시 한 번 서태지를 소환할 수밖에.

"좀 더 비싼 너로 만들어주겠어. 네 옆에 앉아 있는 그 애보다 더. 하나씩 머리를 밟고 올라서도록 해. 좀 더 잘난 네가 될 수가 있어."

20세기는 인적 자본이 급격하게 성장한 시기였다. 땅에 얽매여 살던 시대에는 생산량의 한계가 뚜렷했다. 3,000평 농사를 짓는 데 필요한 적정 인력은 5명이고 1년에 1,000가마의 쌀을 얻는다고 가정해보자. 이 경우 엄마, 아빠, 첫째, 둘째, 셋째가 함께 농사 지어 1인당 200가마를 생산하는 셈이다. 그런데 넷째가 태어나 함께 농사를 짓는다고 해도 생산량이 그대로면 1인당 생산량은 167가마로 떨어지고 다섯째까지 낳으면 143가마로 떨어진다. 그래서 감자와 고구마 등 외래 구황작물이 보급되고 이앙법과 황무지 개간이 활발하게 이루어진 조선 중반까지 인구는 1,000만 명 수준에서 별로 변하지 않았다.

산업화 시대는 이야기가 다르다. 농업에 기계가 도입되면서 논농사 3,000평도 혼자 지을 수 있게 되었다. 나머지 자식 셋은 도시로 나가 공장에 다니며 돈을 번다. 각자 공장에서 받은 월급으로 1년에 쌀을 200가마를 살 수 있다면 이 가족의 생산량은 1,600가마가 된다. 넷째, 다섯째가 태어나도 공장에 가서 일을 할 수 있다면 이 가족의 생산량은 2,000가마로 늘어난다. 땅이 전 재산이던 시대가 '자식'이 전 재산인 시대로 바뀐 것이다. 우리는 부동산으로 부자가 된 사람, 주식으로 부자가 된 사람들을 보며 부러워하기도, 배 아파하기도 하는데, 사실 열심히 일을 해서 부자가 된 사람들이 훨씬 많은 시대를 살아왔다.

공업 선생님은 개미처럼 일하고 저축해 주식과 부동산 같은 자산에 투자하라고 했지만, 사실 가장 성공률이 높은 투자는 '인적 자본' 즉, 자신의 노동력의 가치를 높이는 일이었다. 성공할 확률도 높고 시간이 흐를수록 숙련도가 높아져 자산의 가치가 상승하기 때문이다. 그러나 2000년대 들어 저성장 시대에 접어들면서 수익성이 좋은 일자리는 점점 좁은 문이 되고 있고, 선배 세대는 계층 이동의 사다리를 걷어차고 있다. 정보화 사회에서 자란 영리한 세대들이 자산 시장에 눈을 돌리는 것은 어쩌면 당연한 결과다.

42. 사라지는 직업의 초상

쿠팡, 배민, 카카오처럼 플랫폼 기업들이 만들고 있는 시장을 '주문형 경제'라고도 하고 '플랫폼 경제'라고도 한다. 여기에서 일하는 건 '주문형 노동', '플랫폼 노동'이고. 쿠팡, 배민, 카카오와 같은 플랫폼 기업들의 무서운 성장세를 볼 때 플랫폼 노동 일자리도 계속 늘어날 것이다. 그 배경에는 기술의 발전이 있다.

기술의 발전(변화)은 필연적으로 실업을 낳는다. 인쇄기가 발명되기 전에는 책을 손으로 베껴 썼다. 이런 직업을 '필경사'라고 불렀다. 인쇄기가 나오자 필경사들은 직업을 잃었다. 산업혁명 때 섬유를 짜는 직조기가 발명되자 손으로 섬유를 짜던 직조공들은 모두 일자리를 잃었다. 거리에 자동차가 쏟아져 나오자 마부들도 일자리를 잃었다. 이런 걸 '구조적 실업'이라고 한다.

그러나 20세기에는 다행히도 사라지는 일자리보다 새로 생겨나는 일자리가 더 많았다. 특히 기계의 발전으로 높은 생산성을 거두었기 때문에 사회 전체의 부는 늘어났다. 공장 근로자들의 임금이 높아지고, 이들이 더 많은 돈을 쓰면서 서비스업 일자리가 늘어나는 선순환 구조가 나타났다. 2차 세계대전 이후 산업화에 적응한 나라들은 경제 규모에 있어서 100배 이상 성장을 했다.

적어도 20세기에는 그랬다. 다만 기술의 변화에 일자리를 잃을 위기에 처한 사람들 입장에서는 사회 전체의 부를 따질

겨를이 없다. 당장 생존을 위협받는다. 그래서 18세기 영국의 직조공들은 '러다이트 운동'이라는 기계 파괴 운동을 벌였던 것 아니겠는가.

20세기 기술에 의해 새로 생겨났으나, 21세기 기술에 의해 가장 위협받고 있는 일자리 중 하나가 택시기사다. 1970년대까지만 해도 택시기사는 수입 측면에서 대기업 직원에 버금가는 직업이었다. 1970년대에 "경사났네"라며 취직 축하 동네잔치를 벌일 만한 직장은 은행, 건설사, 무역회사(종합상사) 등이었다. 이 회사들 초봉이 월 10~15만 원 정도였다. 그런데 택시기사 월수입이 이 수준이었다. 그래서 "택시기사가 되기 위해 젊은 사람들이 줄을 서 있다"라거나 "총각 택시기사가 1등 신랑감"이라는 얘기도 있었다.

택시기사가 돈을 많이 벌고 인기 있었던 이유는 당시만 해도 자동차 자체가 흔하지 않았고(1976년 잠실 15평 주공아파트 분양가가 430만 원 하던 시절, 첫 출시된 현대자동차 포니의 가격이 230만 원이었다), 자동차가 흔하지 않으니 운전을 하는 능력 자체가 희귀했던 시절이었기 때문이었다. 택시기사가 되기 위해서는 수개월 동안 훈련을 받아야 했고, 경쟁률 높은 시험에 통과해야 했다. 택시기사가 된 뒤에도 상당 기간 조수석에 앉아 차를 타고 다니며 수습 교육을 받아야 했다. 당시에 택시기사는 상당한 숙련을 필요로 하는 직업이었기 때문이다. 지리도 잘 알아야 했다. 네비게이터가 없던 시절을 상상해보라. "쌍문동 가자"고 하는데 지도책부터 펼치는 택시기사를 만난다면? 서울 시내 지리를 잘 아는 사람을 만나면 덕담이 "택시기사 해도 되겠어"였다.

경력이 쌓일수록 영업력도 높아졌다. 택시기사에게 요구되는 중요한 능력 중 하나는 언제 어디에 승객이 많은 줄 아는 것이다. 통금(밤 12시 이후에는 통행을 금지)이 있던 시절에는 밤 9시에서 밤 11시 사이, 통금 해제 이후에는 밤 10시에서 새벽 2시 사이 종로, 신촌, 홍대, 강남역, 양재역 같은 유흥가나 서울역, 영등포역 등 유동인구가 많은 곳에 승객이 많다. 그런데 이런 곳은 대기 중인 택시들도 많아 경쟁이 치열하다.

이런 유명한 곳말고 은근 승객이 많은 포인트를 아는 것. 이런 것은 경력이 쌓여야만 습득이 가능한 스킬이었다. 스킬이 쌓이면 승객을 구별하는 눈썰미도 생긴다. 옷차림이나 가방 같은 소지품, 서 있는 품새를 보고서 장거리인지 단거리인지, 술에 취한 진상인지 아닌지를 구별할 수 있었다. 술 취해 인사불성인 손님을 태우면 집 찾아 헤매다 밤을 샐 수도 있고, 구토라도 하면 청소하느라 그날 영업을 공칠 수도 있기 때문에 리스크 관리가 택시기사에게 중요했다.

자, 그럼 오늘날은 어떠한가.

첫째, 운전이 사실상 전 국민의 기본 능력이 됐다. 1972년 인구가 3,350만 명이던 당시 운전면허 소지자는 60만 명으로 전체 인구의 1.8%에 불과했다. 지금은 2018년 기준으로 운전면허 소지자가 3,200만 명으로 전체 인구 중 운전면허 소지자 비율이 62%에 달한다. 성인인구 3,800만 명을 기준으로 계산하면 84%를 넘는다. 사실상 거의 모든 성인이 운전면허를 갖고 있다는 얘기다. 더 이상 운전은 직업을 얻기 위한 특별한 능력이 아니다. 누구든 마음만 먹으면 택시기사가 될 수 있다.

둘째, 길을 잘 몰라도 택시기사를 하는 데 문제가 없게 되었다. 네비게이터가 등장하면서 심지어 길치라도 택시기사를 하려고만 한다면 충분히 할 수 있게 되었다. 네비게이터가 지금처럼 똑똑하지 않던 시절에는 네비게이터에 대한 불신이 은근히 있었다. 경력 많은 택시기사들이 승객에게 "네비 안내대로 갈까요, 제가 잘 아는 길로 갈까요?" 하면 승객은 "기사님 잘 아는 길로 가주세요"라며 택시기사의 손을 들어줬다.

네비게이터가 길만 알려주던 시절에는 최단거리 경로를 알려줄 수는 있어도 교통 사정을 알려주진 않았기 때문이다. 어떤 시간에 어디가 막히는지, 어디에 공사를 하고 있는지 등에 대한 택시기사들의 경험 지식과 정보망이 더 유용했다. 그러나 이제 네비게이터는 교통상황까지 실시간으로 반영해 최적의 경로를 알려준다. 오히려 네비게이터 경로대로 가지 않으면 '바가지를 씌우는 것' 아닌가 하는 의심을 받기 쉽다.

최근에는 택시 호출과 결제 등 택시 서비스 전체가 스마트폰 어플리케이션으로 처리되면서 처음부터 경로까지 안내돼 제시되기 때문에 택시기사는 길 선택의 자유가 없어졌다. 부산에서 평생 살다 서울에 올라온 첫날 택시를 모는 것이 가능한 시대다.

마지막으로 택시기사의 '영업력'도 무의미해졌다. 택시 호출이 스마트폰 어플리케이션 시스템으로 이뤄지면서 모든 승하차 데이터가 쌓이고 있다. 시스템은 언제 어디에 승객들이 많은지 파악하고 있다. 택시 기사들이 승객을 찾아다닐 필요도 없다. 길 가에서 손을 흔드는 사람 대신 스마트폰에 눈과 귀와 손가락을 주시하고 있어야 승객을 놓치지 않을 수 있다. 강제 배차 시스템이 도입되면서 승객이 진상인지 아닌지, 장거리인지 단거리인지 파악하는 택시기사 눈썰미 스캐닝 스킬도 필요 없게 됐다.

자동차 보급이 늘어나고, 도로 시스템이 진화하고, 네비게이터와 스마트폰이 등장하면서 택시기사에게 요구되는 숙련도는 점점 낮아지고 있다. 카카오 택시가 출범하면서 기사들을 모집하는데, 공고문에는 이렇게 적혀 있다.

"인공지능 시스템으로 누구나 할 수 있습니다."

사람은 점점 인공지능의 팔다리가 돼 가고 있다.

43. 로봇 판사의 시대도 올까?

'누구나 할 수 있는 일'이라는 것은 임금의 하락을 의미한다. 요구되는 숙련도가 낮아지는 것에 비례해 택시기사의 수입도 계속 줄어들었다. 대기업 초봉 정도 되던 택시기사의 수입은 오늘날 최저임금 수준까지 떨어졌다. '마이카' 시대가 도래한 1980년대 중후반부터 "택시기사 생존권"을 요구하는 목소리가 나오기 시작했고, 사납금 제도를 둘러싼 갈등도 30년째 반복 중이다. 게다가 최근에는 각종 유사 택시가 등장하면서 제도적 갈등도 더해지고 있다.

서울시 개인택시 기사의 평균 연령이 60세를 넘었고, 전체 택시기사의 27%가 65세를 넘은 고령자라는 통계도 있다.[4] 더이상 젊은이들에게 택시기사는 선망의 대상이 아닐뿐더러 기피 직업이 되고 말았다. 그나마 제도적 장벽(법률)으로 생명을 연장하고 있다. 아직까지는 핸들을 잡고 운전을 하는 사람이 필요하지만, 그 마저도 필요 숙련도는 0에 수렴할 것이다. 자율주행 자동차가 등장한다면 말이다. 택시기사라는 직업의 운명은 마치 지구를 향해 돌진하는 소행성을 바라보고 있는 공룡과도 같다.

기술을 바탕으로 성장하고 있는 플랫폼 노동 일자리 대부분이 택시기사의 운명을 따를 가능성이 높다. 앞서 언급했듯이 자율주행 시스템이 나온다면 '여객'보다 '화물'에 먼저 적용될 것이다. 택배와 배달 모두 로봇이나 드론으로 대체될 것이다. 드론

이 아닐 수도 있다. 일본에서는 도시의 지하에 배달 전용 로봇이 다니는 터널망을 구축하는 구상도 나오고 있다. 어쩌면 배달 노동자가 택시기사보다 먼저 멸종될지도 모른다.

플랫폼 기업의 성장과 기술 발전은 단순히 해당 플랫폼 노동의 일자리만 없애는 것이 아니다. 카카오 대리운전의 시장 점유율이 높아지면, 대리운전 호출 전화를 받아 시스템에 내용을 입력하는 기존 대리운전 중개업체의 콜센터 일자리가 사라질 것이다. 쿠팡과 같은 온라인 쇼핑몰의 점유율이 높아지면 동네 슈퍼마켓과 마트는 설 자리가 더 줄어들 것이다. 그런 측면에서 보면 우리 사회는 기술의 변화가 가져올 사회의 변화에 둔감한 편이다.

2010년대 초반 이마트, 롯데마트, 홈플러스 등 대형마트의 입점을 반대하는 전통시장과 골목상권 중소형 마트 상인들의 저항이 거셌다. 정치권은 이를 반영해 마트 입점 제한이나 의무휴무일 등의 제도를 만들었다. 그러나 불과 10년도 지나지 않아 대형 유통기업들 스스로 오프라인 매장 정리에 나서기 시작했다. 쿠팡, 마켓컬리 등 온라인 유통의 신흥 강자들이 나타나면서 유통의 중심이 온라인으로 옮겨가고 있기 때문이다.

특히 코로나 사태로 인해 이러한 흐름이 더 빨라졌으며, 온라인 유통 덕분에 코로나 사태가 더 확산되지 않았다는 긍정적인 평가도 나오고 있다.

그런데 온라인 유통은 동네 상권에 영향이 없을까? 소상공인들은 이제 '보이지 않는 마트'와 싸워야 한다. 그런데도 소상

공인을 위한 온라인 쇼핑 규제는 거의 언급되지 않고 있다.

물론 온라인 유통도 새로운 일자리를 만들어낸다. 전보다 많은 택배기사가 필요하고 물류센터 직원도 더 많이 필요하다. 그러나 이건 마치 손으로 모직 원단을 짜던 장인들이 방직공장에 취직해 단순 반복 업무를 하는 것과 마찬가지다. 기술의 발전이 더 높은 생산성을 올리고 소비자들에게는 더 싸고 편리하게 쇼핑을 할 수 있는 편익을 제공하겠지만, 누군가는 이 거대한 흐름에서 소외되고 만다.

특히 인공지능의 발전은 고도의 숙련 직종도 위협할 것이다. 의료계는 '원격의료'를 둘러싸고 갈등하고 있는데, 머지않아 로봇이 진단을 하고 수술을 하는 날이 올 것이다. 야구나 축구 같은 스포츠에서는 로봇이 심판을 보는 실험도 진행 중이다. 스포츠 경기에서 로봇 심판이 가능하다면 다음은 뭘까? 지금은 인간들이 다 맡고 있는 법정에서의 역할, 특히 판사 같은 경우 로봇이 더 훌륭하게 수행할지도 모른다. 인간의 죄를 어떻게 로봇이나 인공지능이 심판하느냐고? 오히려 '유전무죄, 무전유죄', '전관예우' 이런 것이 사라져 환영받을 수도 있다. 인공지능 로봇이 회계를 맡으면 기업의 '분식회계'도 사라질 것이다.

내가 몸담았던 언론계도 마찬가지다. 과거 신문사는 거대한 윤전기를 돌리고 전국에 걸친 배송망을 갖춰야 했다. 구석구석 출입처에 기자들을 다 보내기 위해 인력도 많이 필요했다. 그런데 언론계도 인공지능이 파고들고 있다. 포털 사이트의 뉴스 배치는 인공지능이 맡고 있다. 증시, 스포츠 경기 스코어 기사와 같은 단순 기사도 인공지능이 쓰기 시작했다. NC소프트는 '리니지'만 만드는 기업이 아니다. 〈연합뉴스〉와 함께 일기예보 기사를 쓰는 인공지능을 만들고 있다. NC소프트는 날씨 기사처럼 단순한 기사는 인공지능에게 맡기고 사람은 보다 심도 깊은 기사를 쓰면 된다고 한다. 하지만 인공지능은 더 똑똑해져서 심층 분석기사까지 쓰게 될 것이고, 오류투성이의 사람은 결국 미디어 매체에서 쫓겨날 것이다.

44. 부의 양극화, 인적 자본의 양극화

기술 발전에 낙관적인 사람들은 새로운 일자리가 계속 생겨날 것이라고 한다. 맞는 말이다. 그런데 기술과 관련된 새로운 일자리는 언제부터인가 '넘사벽(넘을 수 없는 4차원의 벽)'이 되고 있다. 대리운전 기사가 자율주행 자동차 엔지니어가 되고, 배달대행 라이더가 배달 로봇 엔지니어가 되고, 동네 마트 주인이 쿠팡 물류센터 알고리즘을 짜는 프로그래머가 될 가능성이 얼마나 될까? 하다못해 별다른 자격이 필요 없던 주유소 직원들이 전기차 시대에 수소 충전소로 이직하기 위해서는 가스 안전 관련 자격증을 따야 한다. 20세기 초 자동차에 밀려 일자리를 빼앗겼던 마부들은 여전히 도시의 대로와 뒷길 등 길을 잘 알았기 때문에 운전을 배워 기사가 될 수 있었지만, 자율주행 시대에 택시기사들은 갈 곳이 없다.

새로 생겨나는 좋은 일자리들은 진입장벽이 높고 점점 그 수가 적어지고 있다. 대신 최저임금 수준의 단순 업무 일자리가 늘어난다. 그 결과가 지금의 불평등이다. 21세기 불평등의 큰 특징 중 하나는 인적 자본의 양극화다. 부의 양극화를 주도하는 세력은 몇몇 세습 재벌이 아니라 이른바 '혁신가' 또는 '슈퍼 매니저'라 불리는 비세습 자수성가형 기업가들과 기술 엘리트들이다.

2020년 〈포브스〉가 발표한[5] 부자 순위 1위는 아마존의 제프 베조스였다. 그의 아버지는 글로벌 석유기업에서 임원까지 맡았고, 베조스가 처음 사업을 시작할 때 투자를 해주기도 했지만 재벌은 아니었다. 2위는 빌 게이츠. 아버지는 변호사, 어머니는 은행 임원이었다. 그는 부유한 가정에서 좋은 교육을 받았지만, 그 역시 부모로부터 부를 물려받은 세습 재벌은 아니다. 4위인 워렌 버핏 역시 아버지가 증권 중개인이었는데 그가 물려받은 것은 주식 시장에 대한 관심이지 막대한 부는 아니다. 5위의 래리 앨리슨(오라클), 7위의 마크 저커버그(페이스북) 등에 이르기까지 대부분 자수성가한 인물들이다(단, 8-9-10위는 월마트 창업자의 자식들이다). 이밖에 스티브 잡스, 엘론 머스크 등 미국에는 혁신적인 아이디어와 기술로 막대한 부를 이룬 부자들이 많다.

산업 중심축의 변화도 뚜렷하다. 2000년 미국 기업 주식 시가총액 순위를 1위부터 10위까지 나열해보면 GE, 엑손모빌, 화이자, 시스코, 월마트, 마이크로소프트, 씨티그룹, AIG, 머크, 인텔 순이었다. 2020년에는 애플, 마이크로소프트, 아마존, 알리바바, 페이스북, 알파벳C(구글. 우선주), 브로드컴, 알파벳A(구글. 보통주), 존슨앤존슨, 월마트 순이다(2020년 7월 1일 기준). 10위권 밖이었던 애플이 1위를 차지했고, 아마존은 월마트를 멀찌감치 따돌리고 3위에 올라 있다. 구글, 페이스북 등 2015년에야 10위권에 등장한 회사들이 상위권에 포진돼 있다.

이런 신흥 기술기업들이 산업을 주도한다. GE, 엑손모빌과 같이 사람들을 많이 고용하고 좋은 일자리를 만들어내던 기업들은 저만치 뒤처지고 있다. 대신 소수의 고액 연봉자로 채워진 구글과 페이스북 같은 기술 기업, 수많은 '부스러기 노동'

을 양산하고 있는 아마존이 그 자리를 대신하고 있다.

한국의 경우는 어떨까. 2010년 코스피 시가총액 상위 10개 기업을 보면 1위 삼성전자, 2위 포스코, 3위 현대차, 4위 KB금융, 5위 한국전력, 6위 신한지주, 7위 LG전자, 8위 현대모비스, 9위 LG디스플레이, 10위 LG화학이었다. 포스코와 한국전력 등 민영화된 국가 기반산업과 은행을 제외하고는 삼성, 현대차, LG와 같은 중후장대 산업을 주력으로 하는 재벌그룹이 6개를 차지하고 있었다.

2020년에는 어떻게 바뀌었을까. 1위 삼성전자, 2위 SK하이닉스, 3위 삼성바이오로직스, 4위 네이버, 5위 삼성전자(우), 6위 LG화학, 7위 셀트리온, 8위 삼성SDI, 9위 카카오, 10위 LG생활건강이다(2020년 7월 기준). 삼성이 굳건하게 자리를 지키고 있지만 현대차(현대차, 현대모비스) 그룹이 빠졌고, LG전자 계열(LG전자, LG디스플레이)도 빠졌다. 은행들과 포스코·한전도 빠졌다.

가장 눈에 띄는 것은 네이버와 카카오, 셀트리온이다. 코로나 사태로 인한 '언택트', '바이오' 기업이 주식 시장에서 높게 평가받은 이유도 있지만, 새로운 산업을 이끄는 분야에서 '자수성가' 기술 기업인들의 성장세가 두드러진다. 이들 뒤에는 NC소프트, 넥슨, 쿠팡, 배민 같은 회사들이 주목받는 기술 기업들이다.

자수성가 기업인들이 많은 건 좋은 일이다. 한국도 정주영, 이병철 등 자수성가 기업인들이 경제를 주도하고, '개천에서 용이 나던 시절'에 경제가 가장 활력이 넘치고 높은 경제성 장률을 기록했다. 다만 현대·삼성 시절에는 고용이 폭발적으로 늘어나고 기업의 이익이 비교적 고르게 분배됐다. 그러나 1990 년대 후반 외환위기 이후부터는 근로소득 격차가 급격하게 벌 어지기 시작했다.

2012년 김낙년 교수의 연구에 따르면 1996년 평균 2억 1,346만 원이던 상위 0.1%의 연봉은 2010년 5억 4,435만 원으로 2배 이상 올랐다. 같은 기간 상위 1%의 연봉도 1억 624만 원에서 1억 8,795만 원으로 77% 올랐다. 범위를 상위 20%로 넓혀보면 1996년 4,849만 원이던 평균 연봉은 2010년 6,856만 원으로 41% 올랐다. 반면 하위 20%는 평균 연봉이 649만 원에서 492만 원으로 24% 줄었다.[6]

소득불평등을 나타내는 지표 중 '5분위 배율'이라는 것이 있다. 상위 20%의 소득을 하위 20%의 소득으로 나눈 값인데, 높을수록 소득불평등 정도가 심하다는 뜻이다. 2015년 4.19까지 내려갔던 5분위 배율은 2019년 5.3까지 치솟았다.[7] 불평등이 심해지고 있다는 얘기다. 경제는 계속 성장하고 있지만 제조업이 아니라 고용 효과가 적은 첨단 기술기업이 그 성장을 주도하고 있다. 앞으로도 '고용 없는 성장'은 계속될 것이다.

소득 양극화는 굳이 복잡한 통계를 들먹이지 않아도 사람들이 피부로 느끼고 있다. 시급 15달러를 받는 미국 아마존 물류센터 일용직은 1년을 풀로 일할 경우 3만 6,000달러(약 4,320만 원)를 번다. 아마존 본사의 신입 개발자는 기본 연봉만 10만 9,000달러(약 1억 2,700만 원)이고, 평균 2만 2,000달러의 보너스를 받는다.[8] 합산하면 연소득이 1억 5,000만 원이 넘는다.

한국의 쿠팡 물류센터 일용직은 시급 8,590원을 받는다. 계약직으로 취업할 경우 월 약 190만 원, 연 2,280만 원을 받는다. 쿠팡 본사 개발자의 연봉은 9,000만 원이 넘는 것으로 추정된다.

2020년 9월 쿠팡은 몇몇 물류센터의 인력 부족을 해소하기 위해 계약직을 채용하면서 입사 축하금으로 월 최대 80만 원을 지급하는 이벤트를 실시했다. 쿠팡은 2020년 6월에는 개발자 인력 충원을 위한 공채를 하면서 입사 축하금 5,000만 원을 내걸기도 했다.[9] 한 회사가 보이는 모습에서 차이가 나듯 일자리의 양은 늘어날지 몰라도 일자리 질과 임금의 양극화는 더 벌어질 것이다.

불평등은 사회의 안정을 위협한다. 미국의 역사학자 발터 샤이델은 불평등이 심해지면 '전쟁', '혁명', '국가붕괴', '전염병', 이른바 '평준화의 4기사(騎士, knight)'가 나타난다고 했다.[10] 중세 유럽은 흑사병으로 농장제가 붕괴되고 노동자들의 임금이 뛰었다. 1·2차 세계대전 이후 서유럽과 미국에서는 중산층 시대가 열렸다. 러시아와 동유럽, 중국, 북한 등에서는 사회주의 혁명으로 부가 평준화됐다(결과적으로 하향 평준화일지언정). 이 4가지의 공통점은 '폭력'이다. 폭력이 만연하면 잃을 것이 많은 부자들이 더 많이 잃는다.

　2020년 평준화의 기사가 다시 찾아왔다. '코로나19'라는 이름의 전염병이다. 다시 평준화가 도래할까? 표면적으로는 불평등이 더욱 심해지고 있다. 재택근무를 할 수 없는 자영업자 등 취약계층의 일자리가 위협받고 있다. 세계 각국 정부는 불경기를 막기 위해 막대한 돈을 풀고 있으나, 유동 자금은 주식 등 자산 가격 인플레를 불러와 자산이 많은 부자들만 더 부자가 되게 하고 있다.

　미국 아마존의 제프 베조스는 재산이 2,000억 달러(약 237조 원)를 돌파했다. 이 소식이 전해지자 100여 명의 시위대가 워싱턴DC의 제프 베조스 집 앞에 몰려가 아마존 노동자의 최저임금을 인상하라는 시위를 벌였다. 이들은 "베조스는 1초에 4,000달러를 버는데, 왜 우리는 1시간에 15달러를 받아야 하느냐"고 항의하며 "임금을 시간당 30달러로 올릴 것"을 요구했다. 이들은 베조스의 집 앞에 단두대를 설치했다.[11] 18세기 프랑스 파리처럼. "코로나 사태로 얻은 부를 환수해야 한다"는 버니 샌더스의 주장이 괜히 나오는 게 아니다.

　비대면 경제가 활성화되면서 쿠팡, 배민과 같은 업종은 호황을 누렸다. 반면 대리기사는 직격탄을 맞았다. 대리기사뿐만 아니다. 보험/카드 모집인, 방과 후 교사, 방문 학습지 교사 등 이른바 '특수고용노동자' 중 대면이 필수인 업종 종사자들은 고용보험에 가입돼 있지 않아 실업급여를 받을 수도 없고 피해를 고스란히 떠안아야 했다. 이에 정부는 특수고용노동자에 대해서 '소득 감소'를 증빙하면 월 50만 원씩 최대 3개월(150만 원) 지급하는 지원책을 내놨다. 그런데 지원 조건이 매우 까다로웠다. 2019년 12월 이전에도 고용보험에 가입돼 있지 않은 특수고용노동자여야 했고, 당시 소득과 현재 줄어든 소득을 증빙해야만 했다. 지원금도 실업급여에 비하면 턱없이 적었다.

　2020년 2월부터 배달과 대리기사를 하는 나 역시 특수고용노동자이기 때문에 지원금을 받을 수 있는지 알아봤다. 결론부터 말하면 한푼도 받을 수 없었다. 지원을 받으려면 코로나로 인해 소득이 25% 이상 감소했음을 증명해야 하고, 2019년 12월에도 특수고용노동자 신분이어야 했다. 소득 감소는 분명했지만 기준이 되는 2019년 12월에는 회사에 다닐 때였기 때문에 자격 조건에 해당하지 않았다. 코로나로 인해 '지금' 힘든데, '과거'의 나 때문에 지원을 못 받는 것이다.

　특수고용노동자들 사이에서도 불만이 터져 나왔다. 지원금 규모 자체가 적은데다 소득 감소를 증명하기도 어려웠다.

서류를 긁어모아 제출하는 것도 1~2일 일당을 날릴 것을 감수해야 할 정도로 복잡하고 오래 걸렸다. 서류를 낸 뒤에도 심사를 하는데 한 달 넘게 걸렸다. 실업급여는 언감생심. '회사'에 소속돼 있지 못한 설움이 그 어느 때보다 컸다. 우리 사회, 내 삶 속에서 회사가 어떤 의미인지 다시, 진지하게 생각해봐야 할 때다.

"한국 정신문화의 수도"라는 경북 안동에 가면 하회마을이라는 오래된 마을이 있다. 하늘에서 보면 말발굽 모양인 낙동강 굽이 안쪽에 위치한 고요한 동네다. 하회河回라는 마을 이름 자체가 '강이 돈다'는 뜻이다. 강 주변이라 땅이 넓고 딱 봐도 농사가 잘될 것 같은 지형이다. 조선시대부터 유명한 동네여서, 풍산 류 씨의 집성촌으로 임진왜란 때 명재상 류성룡이 이곳 출신이다.

마을 한가운데에는 '북촌댁'이라는 큰 기와집이 있다. 조선시대 건물은 기와집이든 초가집이든 대부분 단층인데, 북촌댁은 복층으로 지어 눈에 띄는 신기한 건물이다. 북촌댁은 풍산 류 씨 종가이자 이 동네 지주의 집이었다. 지금도 사람이 거주하고 있다.

2016년 방문했을 때 대문 앞에는 북촌댁을 소개하는 칼럼 한 토막이 소개돼 있었다.[12] 내용은 이렇다. 19세기 말 동학농민운동 때 이 마을에도 동학군이 들어왔다. 그런데 동학군은 이 집을 공격하기는커녕 와서 넙죽 절을 하고 돌아갔다. 다른 지주들이 소작료로 60% 이상을 떼는데, 이 집은 40%만 받았기 때문이란다.

이 칼럼을 보고 처음에는 어이가 없었다. 요즘으로 치면 돈을 빌려주고 이자를 40% 받은 것이고, 대리운전이나 배달대행을 하면 수수료로 40%를 떼는 것이다. 치킨집을 하는 데 치킨 50마리를 팔아 100만 원을 벌면 건물주가 40만원을 떼는 것 아닌가. 지금의 상식으로는 도저히 이해할 수 없는 참으로 가혹한 구조다.

하지만 언제나 그 시대에 맞는 상식과 기준이 있는 것 아니겠나. 남들이 60% 이상을 떼는데 40%만 뗐으면 그는 필시 '착한 임대인'이라는 소리를 들었을 터다. 북촌댁이 덕망 있는 지주였다는 점은 다른 사례에서도 확인된다. 북촌댁은 대문과 곳간 문을 항상 열어 놨다고 한다. 혹시라도 쌀 떨어진 집이 있으면 언제든 편하게 와서 퍼가라는 것이다.

하회마을의 또 다른 전통인 '탈춤' 문화도 주목해야 한다(양반탈, 각시탈 등 나무로 만든 '하회탈'이 유명하다). 신분에 상관없이 탈을 쓰고 마당에 모여 양반들을 조롱하며 신명나는 풍자극을 벌였다. 요즘으로 치면 '언론의 자유'다. 이웃의 굶주림을 외면하지 않고 보살피는 일, 언론의 자유를 통해 소통하는 문화. 이런 것들이 어우러져 하나의 공동체를 이뤘다. '헬조선'이라던 조선이 500여 년을 이어온 것은 그나마 작은 마을 공동체들이 사회의 중심을 이뤘기 때문이 아닐까.

인간은 사회적 동물이다. 요즘 부쩍 "공동체가 무너지고 있다"는 한탄 섞인 말들이 많은데, 인간은 단 한 순간도 '공동체'를 떠나 살지 못한다. 미국의 생태주의 작가 헨리 소로는 숲 속에 들어가 자연과 함께 하는 자급자족의 삶을 살았던 것으로 유명하지만, 그가 들어간 숲은 에머슨이라는 후원자가 제공한 숲이었다. 그리고 소로가 〈월든〉이라는 걸작을 남길 수 있었던 것은 마을 상점에 가서 연필을 살 수 있었기 때문이다.

미국의 중산층 출신으로 명문대를 졸업한 크리스 맥캔들리스라는 청년은 자연에 대한 동경을 품고 1992년 알래스카의 인적 없는 깊은 숲으로 들어가 수렵과 채집 생활을 시작했다. 그는 1년도 채 지나지 않아 굶어죽고 말았다(맥캔들리스의 모험과 불행은 《Into the wild》라는 책과 영화에 잘 그려져 있다). 백수의 제왕이라 불리는 최상위 포식자 사자도 무리를 떠나면 죽을 수밖에 없듯이 인간도 공동체를 이루며 살도록 진화해왔거나 그렇게 설계됐다.

수렵·채집의 시대에 공동체는 숲을 중심으로 형성돼 있었다. 사냥할 동물도 따야 할 과일도 숲에 있었고, 맹수로부터 피할 수 있는 나무와 수풀도 숲에 있었다. 숲을 떠나서는 살 수 없었다.

농업의 시대에 공동체의 중심은 땅(농지)이었다. "먼 친척보다 가까운 이웃사촌이 낫다"는 말이 있다. 모내기 할 때, 추수할 때, 초가지붕을 갈 때, 김장을 할 때 등 집중적인 노동력 투입 시기가 오면 동네 사람들이 힘을 합치는 게 유리했다. 때론 경쟁하고 협력하면서 부대끼며 살았다.

땅을 떠나 살 수 없으니 지리적 이동이 극히 드문 사회였다. 한 마을 안에 사촌에 팔촌, 혈연이 살 가능성이 높다. 씨족마을이 흔했다. '이웃사촌'의 사촌은 진짜 사촌이었던 것이다. 어쨌든 이웃은 결코 남이 아니었다. 서로 의지하며 살아야 했다. 그래서 북촌댁의 전략이 현명했던 것이다.

산업화 시대에 들어서는 농경 시대에 숲에서 들로 내려온 인류

못지않게 혁명적 변화가 찾아왔다. 공동체의 중심이 '회사'로 옮겨갔다. 사람들은 더 이상 땅에 얽매여 있을 필요가 없었다. 농촌을 떠나 회사가 모여 있는 도시로 몰려들었다. 아침 일찍 출근해 밤늦게까지 회사에 머물렀다. 다닥다닥 붙어사는 도시 사람들은 서로의 거리가 물리적으로는 가까워졌지만 정서적으로는 더 멀어졌다. 도무지 얼굴 볼 일이 없다. 아파트 윗집 수도관이 터져 아랫집 천장이 흥건해지기 전에는 이해관계를 거의 공유하지 않는다. 이해관계 공유자는 회사에 있다. 국가의 모든 시스템은 회사를 중심으로 재편됐다.

학교에서는 농사를 가르치지 않는다(사실 공장식 산업화의 산물인 근대 학교에서 농사를 가르친 적은 없다). 정시 출근과 정시 퇴근 습관을 몸에 배게 하고 '개근상'을 주면서 근면 성실을 최고의 미덕이라 가르친다. 그렇게 '회사형 인간'을 키워 회사에 보낸 뒤에는 회사가 사람의 일생을 책임진다.

내가 학창시절을 보낸 1980~1990년대까지만 해도 인생 설계는 비교적 심플했다. 학교에서 시키는 대로 열심히 공부하고("교과서로만 공부했는데 서울대 수석 합격을 했어요"와 같은 수기가 나오던 시절이었다), 남들이 '좋다'고 하는 대학에 가고 신입생 때는 열심히 놀다가(남자의 경우 군대 가기 전까지), 졸업반이 되면 열심히 취업 준비를 하거나 고시 공부를 해서 남들이 '좋다'고 하는 회사에 입사하거나 공무원이 됐다.

그후에는 회사에서 시키는 대로 열심히 일하면, 회사가 따박따박 월급을 줬다. 그 돈으로 부모님 부양도 하고 아이들도 키웠다. 집을 살 때가 되면 저리에 주택자금 대출도 해주고, 아이들이 커서 대학 갈 때는 학자금 지원(혹은 융자)도 해줬다. 정년을 채우고 퇴직을 하면 수억 원의 퇴직금을 줬고 그 돈으로 가게를 차리던 내 사업을 하던 이자 생활자가 되던(그 시절에는 은행 금리가 꽤 높았다) 죽을 때까지 먹고 살 수 있었다.

퇴직금 일부는 자녀 결혼 자금으로 대주었다. 그럼 그 자녀가 다시 회사에 취직해 월급을 따박따박 받으며 퇴직한 부모를 부양하고 자녀를 키우고 집을 사고 퇴직금을 받아 다시 자녀를 결혼시키고…. 한동안 세상은 회사를 중심으로 한 순환 구조로 돌아갔다. 전통적인 지역 공동체는 무너졌다. 지역에서 살아남은 공동체는 종교와 학교(친구, 학부모) 정도다. 몇몇 공업도시에서는 회사 로고가 박힌 점퍼를 입느냐 못 입느냐에 따라 계층이 결정됐다. '회사 복지'의 시대였다.

1942년 제2차 세계대전이 한창이던 영국에서 "요람에서 무덤까지"라는 말이 나왔다. 국가가 복지를 책임지겠다는 말이었다. 서유럽에서는 일찍이 국가가 복지의 중심에 섰지만, 일본의 '종신 고용' 회사 시스템을 들여온 우리나라에서는 요람에서 무덤까지 책임지는 곳이 국가가 아니라 회사였다. 대신 국가는 회사를 전폭적으로 지원해줬다.

그러나 1997년 외환위기 이후 이런 순환 구조의 고리가 끊어졌다. 이제 회사는 집값을 대출해주지 않는다(해주는 곳이 없진 않지만 집값이 너무 뛰었다). 회사는 더 이상 대학 등록금을 내주지 않는다(아이를 잘 낳지 않을뿐더러, 아이가 대학에 입학할 때까지 회사에 남아 있을 수 있는 사람도 별로 없다). '정년'도 무의미해졌다. 직장인 평균 퇴직 연령은 49세이고, 아직 직장에 남아 있는 직장인 중 17%만이 "나는 정년을 채울 수 있을 것"이라고 예상한다.

정년이 줄어드는 것에 비례해 퇴직금의 사이즈도 줄어든다. 게다가 저금리 시대다. 회사만 믿고 살았다가는 도끼에 발등 찍히기 십상이다. 동식물들은 생태계의 변화에 기민하게 대응한다. 인간도 동물이다. 정년과 연금이 보장되는 공무원 시험에 젊은이들이 몰리는 것은 자연스러운 생태계 적응 과정이다.

모든 것이 바뀌고 있다. 20세기 숙련의 시대에는 연차가 올라갈수록 임금이 함께 오르는 '연공서열' 급여체계가 자연스러웠다. 경력이 쌓이면 기술 수준이 높아지고, 더 높은 직급에 올라 더 많은 책임을 질 수 있었다. 나이가 들면 돈 쓸 데가 많아지기 때문에 더 많은 월급을 줘야 한다는 사회적 공감대도 있었다. 그러나 기술이 발전하면서 숙련의 영역은 점점 줄어들고 있고, 효율적인 업무 관리가 가능해지면서 업무 판단과 책임도 인공지능이 대신할 수 있게 됐다.

끊임없는 효율 추구와 기술의 발전으로 더 적은 관리자가 더 많은 통제를 할 수 있게 됐다. 성공적으로 고위 관리자가 되면 큰 보상을 받을 수 있지만, 중간급 관리자 자리는 점점 사라지고 있다. '연공서열'은 무너지고 '직무급'이라는 이름으로 급여가 결정된다. 20년 전에는 '20 대 80'의 사회라고 했는데 10

년 전에는 '10 대 90'의 사회로 바뀌었고, 최근에는 '1 대 99'의 사회라고 한다. 세계 최첨단 미국이 '0.1 대 99.9'의 사회가 됐으니 우리도 곧 그리 될 거다. 중산층은 사라지고 불평등은 심해지고 있다.

우리나라는 유럽 국가들에 비해 뒤늦게 복지 시스템을 도입했다. 회사 복지 체제에 편입되지 못한 사각지대 계층을 돌볼 필요가 있었기 때문이다. 1980년대 후반부터 정부는 국민연금, 건강보험 등을 순차적으로 도입했다. 처음에는 '직장인'을 대상으로 하다 범위를 직장인이 아닌 사람으로 점차 확대했다. 산재보험은 1960년대에 도입했는데, 1인 이상의 전 사업장으로 확대한 것은 2000년의 일이다. 1997년 외환위기로 대량 실업 사태가 벌어졌는데, 1995년부터 시행된 고용보험이 없었다면 더 큰 재앙을 겪었을 것이다.

회사 복지 체제가 무너지기 시작하자 국가가 복지의 중심으로 부상했다. 그런데 이 고용보험조차 여전히 '회사'를 중심으로 설계돼 있다. 실업급여는 회사에 일정 기간 다닌 뒤 '해고'된 사람만 받을 수 있다. 아무리 더럽고 치사하고 아니꼬워도 사장님이 날 잘라줘야 실업급여를 받을 수 있다.

고용보험을 내고도 실업급여 혜택을 받지 못하는 고용보험 가입자가 전체의 75%다. 혹시 사장님이 아량을 베풀어 실업급여를 받을 수 있게 '해고' 처리를 해주면 은혜에 감사할 정도다. 회사 다니는 동안 꼬박꼬박 고용보험료의 절반을 내가 낸 건데 말이다.

출산휴가와 육아휴직 등의 혜택도 회사에 고용돼 있어야 받을 수 있다. 취직은 내가 했는데 고용지원금도 사장님이 받는다. 내 인생의 결정권은 사장님들이 쥐고 있다.

고용보험의 '양극화'도 심하다. 소득수준별 고용보험 가입률을 보면 소득이 가장 낮은 1분위는 6%, 2분위는 12%에 불과한데, 소득이 높은 6분위 이상은 70%가 넘는다.[13] 사회 안전망으로서의 회사 중심 고용보험이 별 구실을 못 하고 있다는 뜻이다.

산재보험은 배달 라이더, 택배기사, 대리기사들에게는 그림의 떡이다. 특정 회사에 직접 고용되지 않은 이런 식의 '특수고용 노동자'들은 회사가 절반, 근로자가 절반을 부담해 산재보험에 가입할 수 있다. 그러나 이런저런 이유로 산재보험에 가입한 근로자들은 거의 없는 상황이다.

근로복지공단의 자료에 따르면 등록된 택배기사 1만 8,792명 중 산재보험에 가입한 택배기사는 7,444명으로 가입률이 40%도 되지 않고, 그나마 대리기사는 산재보험 가입자가 달랑 3명뿐이다.[14] 대리기사는 산재보험의 가입 기준인 '전속성' 문제 때문에 아예 가입 대상이 아니라고 생각하기 때문이다. 산재보험도 역시 '회사' 중심으로 돌아가고 있는 것이다.

회사에 소속되지 않은 노동자가 서러운 것은 이뿐만이 아니다. 돈을 잘 벌어도 직장이 없으면 은행에서 신용대출을 받기 어렵다. 받더라도 이율에서 불이익을 당한다. 간신히 대출을 받아도 은행 창구 직원은 "나중에 취직하시면 알려주세요. 이율 낮춰드릴게요"라고 선심 쓰듯 말한다.

　직장에 다녀도 회사가 어디냐에 따라 차별이 존재한다. 모은행은 상장기업 재직증명서를 제출할 수 있는 직장인에게는 묻지도 따지지도 않고 1억 원을 빌려준다. 상대적으로 은행 문턱이 높은 중신용자들이 금융 혜택을 누리게 한다는 취지로 만든 인터넷 은행도 고신용자들 위주로 대출을 해줬다.[15]

　2020년 3월 코로나 사태로 주가가 폭락했을 때 몇몇 용감한 상장기업 직원들은 1억 원 신용대출을 받아 주식을 사고 3개월 뒤 20% 이상의 수익을 얻었다. 그렇지 않은 이들에게는 이런 기회조차 없다. 한국 사회에서 직장은 신분이다.

회사가 복지의 축이던 시절 회사는 공동체 중심 역할도 했다. 산업화·도시화와 함께 공동체의 중심이 농촌에서 도시, 회사로 옮겨갔다. 새마을운동의 시대에도 '잘 살아보세. 우리도 한 번 잘 살아보세' 하면서 마을 사람들이 뭉쳤지만, 도시인들에게 '잘 살아보세'는 우리 회사가 돈을 많이 벌고 내 월급이 오르는 것을 의미했다. 공동의 목표를 향해 똘똘 뭉쳤다.

　그 역도 가능하다. 회사가 막대한 이익을 거두면서도 그것을 나누지 않을 때, 말도 안 되는 근로조건으로 직원들을 부려먹을 때, 관리자들이 하급자들에게 밥 먹듯이 갑질을 할 때, '인간답게 살자'는 공동의 목표를 향해 직원들은 '근로자'라는 정체성을 '노동자'로 바꾸고 노동조합을 결성해 맞섰다.

　노조 조직률은 노동자 대투쟁이 한창이었던 1998년에

18.9%까지 올랐다. 그러나 외환위기 이후 '종신 고용'이라는 신화가 깨지고 비정규직이 늘어나면서 회사를 중심으로 한 공동체는 와해되고 있다. 요즘 노조 조직률은 10% 정도로 계속 내려가는 중이다.

47. 새로운 형태의 연대는 가능할까?

2012년 한국기자협회에서 서울시교육청과 함께 '직업 탐색' 프로그램을 진행했다. 나는 서울의 모 중학교에 기자라는 직업을 소개하기 위해 갔다. 전쟁의 참사, 기아의 끔찍함, 자연 생태계 파괴의 현장을 알린 기자들을 소개하면서(안타깝게도 모두 외국 기자들이다) 언론의 역할, 기자라는 직업의 숭고함에 대해 40분 동안 강의를 했다.

질의응답도 사전에 준비했다. 중학생들이기 때문에 기자라면 아무래도 가수나 배우 등 연예인을 본 적 있느냐는 질문이 나올 것 같아 몇 가지 에피소드도 챙겼다. 그런데 내가 받은 첫 질문은 "기자는 정규직이예요, 비정규직이에요?"였다. 그 다음 질문은 "기자 하면 연봉 얼마 받아요?"였다. 말문이 막혀 어버버하다 강의시간이 끝났다. 담임선생님이 '당신 어버버할 줄 알았다'는 표정으로 내게 인사를 건넸다.

"수고하셨어요. 질문에 당황하셨죠? 요즘 아이들이 이상하다고 생각하지 않으셨으면 좋겠어요. 아이들은 부모의 거울이에요. 요즘 세상이 그렇잖아요."

통계에 따라 제각각이지만 전체 고용 근로자 중 비정규직이 50% 안팎이다. 6개월, 1년 단위로 계약하는 비정규직에게 회사의 10년, 20년 뒤를 바라보며 함께 노력하는 공동체 정신이 생길 수 있을까? 부모들은 아이들에게 '정규직'이 되라 가르치고 있고, 아이들은 얼마 남지 않은 '종신 고용' 보장 정규직 직장인 공무원과 공기업에 몰린다.

공동체의 관점에서 보면 플랫폼 노동은 회사 공동체를 약화시키는 정도가 아니라 붕괴 수준으로 내몰고 있다. 전국에 배달 노동자만 8~10만 명이라고 하는데 '라이더 유니온'의 조합원은 몇 백 명 정도다.[16] 대리기사는 16만 명 정도인데 대리운전노동조합 조합원 수는 몇 천 명 수준이다. 이밖에 다양한 '특수고용노동자' 직종 노동조합이 활동 중이지만 조합원 수 규모로만 보면 직종을 대표한다고 보기 어렵다.

플랫폼 노동업무의 특성상 같은 공간에서 함께 일하지 않기 때문에 소통을 할 기회도 없을뿐더러 유대감 형성도 어렵다. 무엇보다 '건당 수수료'를 받는 입장에서 같은 직종 종사자는 '동료'라기보다는 '경쟁자'에 가깝다. 게다가 배달 라이더나 대리운전 기사를 자신의 '평생 직업'으로 생각하는 사람도 드물다.

'회사'의 시대를 거치면서 노조 역시 회사 중심으로 조직이 발전해왔다. 플랫폼 노동 시대에는 노조라는 틀이 아닌 플랫폼에 맞서는 새로운 형태의 연대 플랫폼이 필요하다. 플랫폼 노동자 모두 흩어져 있지만 공유할 수 있는 이해관계는 충분하다.

회사 시대의 노조가 변해야 하듯이 가족 공동체에 대한 사회의 태도에도 변화가 필요하다. 회사가 복지를 책임지던 시대에 가족은 회사에 의존적일 수밖에 없었다. 산업화 시대에는 회사에 다니는 남성 가장이 부모 부양부터 가족 생계까지 모두 책임졌다. 남성 가부장적 가족 질서는 그에 따른 결과였다.

그러나 가족의 형태가 바뀌고 있다. 앞으로 인구가 줄어들기 때문에 집값이 떨어질 거라고 호들갑을 떠는 이들이 있었지만 집값은 한동안 떨어지지 않을 것이다. 인구는 줄어도 1인 가구 등 세대가 늘어 주택 수요가 유지될 것이기 때문이다.

가족은 인류 공동체의 가장 기초적인 단위다. 인류가 있는 한 영원할 것이다. 다만 형태는 항상 변하기 마련이다. 회사 복지 체제가 무너지면서 적지 않은 변화가 생겼다. 부모 부양에 대한 부담이 늘어나자 기초노령연금 제도가 도입됐고, '부양의무자' 제도 폐지 압력이 높아졌다. 땅을 중심으로 하던 시대에 만들어졌던 호주제도 폐지됐다. 여성의 취업률이 높아졌고 경제 주체의 한 축이 되고 있다.

그러나 여전히 사회 시스템은 남성 가장을 중심으로 돌아간다. 코로나 사태로 인한 재난지원금은 '세대' 단위로 지급됐고, '세대주'가 수령했다. 행정 편의를 위해서였겠지만 2인 이상 세대의 세대주 80%는 남편인 남성이다. 세대원 모두가 공평하게 나눴을 수도, 아내에게 지원금을 모두 줬을 수도 있지만 어쨌든 국가가 택한 것은 결과적으로 남성 세대주를 통해서 지급하는 방식이었다.

국민연금, 건강보험, 고용보험 등 사회보험도 '회사'를 전제로 만들어졌다. 그러다 보니 취업을 하지 못한 여성의 경우 건강보험은 남성 취업자의 피부양자여야 하고, 국민연금도 가입하지 않아 노후에도 남편에 의존해야 하며, 고용보험은 낼 기회도 받을 기회도 없다. 여성은 사회보험에서도 남성에 의존적일 수밖에 없는 구조가 유지되고 있다.

국가는 회사를 지원하고, 회사는 가장을 지원하고, 가장은 가족을 책임지는 구조가 해체되고 있다. 국가의 복지 전달 체계의 중심이 회사와 가장에서 '개인'으로 옮겨 가야 한다.

48. 국가가 해야 할 일을 묻자

지금 우리는 기술 변혁, 코로나19 등 동시다발적 위기를 겪고 있다. 모든 비정규직을 정규직화 해야 하고, 모든 프리랜서를 직고용 해야 한다는 주장은 다시 20세기로 돌아가자는 것과 다르지 않다. 호경기에 회사가 직원의 인생을 책임지던 시기로 돌아가면 좋겠지만, 시대가 바뀌었다. 새 술은 새 부대에 담아야 한다. 나는 개인적으로 21세기 불안정 고용 위기 돌파구는 기본소득과 평생교육에 있다고 본다. 이를 위해서는 국가의 역할을 다시 디자인해야 한다.

기본소득 논쟁에서 빠지지 않는 것은 '프리라이더' 논란이다. 기본소득을 주면 사람들이 일을 하지 않을 것이라는 주장이다. 과연 그럴까?

코스트코는 '묻지도 따지지도 않고' 환불해주는 정책으로 유명하다. 김을 사서 먹다가 환불을 요구하며 "너무 짜요"라고 하면 그만이다. 왜 환불하는지 따지다보면 시간이 오래 걸린다. 더 많은 직원을 환불 업무에 투입해야 하고 비용이 상승한다. 고객들은 상품 선택의 리스크를 줄여 더 과감한 소비를 한다. 남는 장사다.

최근 계산원이 없는 무인 마트가 늘어나고 있다. 한 아이스크림 전문점은 계산원이 있을 때는 12시간 운영하다 무인 계산대로 바꿔 24시간 운영하면서 매출이 2배로 늘었다고 한다.[17]

슬쩍 몇 개 더 집어가는 양심 불량 좀도둑이 없냐고? 물론 있다. 그러나 CCTV도 있고 무인점포가 활성화 되면 좀도둑을

막는 기술은 더 발전할 것이다. 그런데 무엇보다 사람들은 생각보다 착하다. 특히 우리나라는 카페에 노트북이나 스마트폰, 가방을 두고 다녀도 안전하고, '비대면 택배'라고 해서 집 앞에 택배를 두고 가도 사고가 별로 나지 않는 나라다.

사람들이 과연 30만 원, 50만 원 받으면서 일을 하지 않는다고? 200만 원쯤 주면 모를까, 150만 원만 줘도 집에 가만 못있을 것이다. 지금도 돈을 벌기 위해 투잡, 쓰리잡, 포잡을 뛰는 시대다. 휴가를 받아 여행을 가도 1시간 단위로 스케줄을 짜서 구석구석을 빠짐없이 돌아보고 인증 사진을 찍어 소셜미디어에 올려야 직성이 풀리는 사람들이다. 어느 정책이든 완벽할 수도 100%를 만족시킬 수도 없다. 1보 전진을 위해서는 반 보후퇴도 할 줄 알아야 하는데, 항상 1%의 프리라이더, 블랙컨슈머, 좀도둑이 생기는 꼴을 못 봐 한 걸음도 나아가지 못한 채 99%를 포기한다.

그래도 그 1%가 걱정되면 보완책은 얼마든지 만들 수 있다. 예를 들어 기본소득을 지급하되, 기본소득 외의 추가 소득을 얻는 직업('직장'이 아니다)이 없는 이들은 의무적으로 하루 4시간씩 교육을 받게 하는 것이다. 그냥 교양 교육이어도 좋고 새로 생긴 기술 교육이면 더 좋다. 교육을 열심히 받아 인생에 대한 새로운 의미를 찾으면 좋고, 새로 배운 기술로 더 나은 일자리를 얻으면 더 좋다.

저출산으로 학생이 줄어들어 대학들이 줄줄이 문 닫을 위기에 처해 있다. 초등학교, 중학교, 고등학교도 남아돌지 모른다. 학교들을 이런 기본소득 기반 평생교육기관으로 전환하면 된다. 20세기에는 인생의 초반 14~16년을 배워 평생 먹고 사는 게 가능했다. 21세기에는 '평생 교육'이 필요하다. 지금처럼 평생 교육을 은퇴한 뒤 취미나 배우는 걸로 둬서는 안 된다. 물론 평생 배우는 게 쉽겠나. 내 생각에는 많은 사람들이 매일 4시간 '학교' 가는 게 싫어서 어떻게든 일자리를 찾을 것이다.

'노조'의 역할도 상당 부분 국가가 흡수해야 한다. 현재 '특수고용노동자'와 관련해서 노조의 기본 입장은 '근로자 지위 보장'이다. 그러나 '근로자냐 아니냐'와 같은 이분법적 접근으로는 영원히 이 문제를 해결하지 못할 수 있다. '회사'의 의미가 바뀌고 있다면 '노동자'의 의미도 바뀌어야 한다.

　2020년 8월 노동청으로부터 노조 설립 인가를 받은 전국대리운전노동조합이 카카오에 단체교섭을 요구했다. 이에 대한 카카오의 대답은 "노!"였다. 카카오는 대리운전 중개 플랫폼일 뿐 사용자가 아니기 때문에 노조와 대화할 수 없다는 뜻이다. 카카오는 대신 "대리운전 업계의 구조적인 변화가 필요하다"면서 "정부, 국회, 당사자들이 한데 모여 숙고하고 공감대를 형성하자"고 제안했다.[18] 대화할 뜻은 있지만 정부와 국회가 포함된 사회적 합의가 아니면 못하겠다는 것이다.

　노사 관계에서도 플랫폼 시대의 정부는 더 적극적인 역할을 해야 한다. 최저임금위원회 같은 경우가 대표적인 예다. 최저임금을 적용받는 근로자는 점점 늘고 있다. 최저임금위원회는 이왕이면 숙의민주주의 방식으로 운영해도 좋다고 본다. 최저임금 보호조차 받지 못하는 특수고용노동자, 프리랜서들은 더 빠르게 늘고 있다. 플랫폼 노동의 특성상 이들이 노조를 결성해 단체 행동을 할 가능성은 매우 낮다. 정부가 이들의 이익을 대변하기 위한 더 적극적인 역할을 맡아야 한다.

적극적으로 시장에 개입하고 있는 사례도 있다. 군산시는 공공배달앱 '배달의 명수'를 만들어 시장에 뛰어들어 플랫폼 기업에 압박을 가하고 있다. 같은 방식으로 경기도 역시 공공배달앱을 준비 중이다. 같은 방식으로 대리운전에 관한 조례를 만들고 대리운전 어플리케이션을 런칭할 수도 있다.

회사가 하던 역할을 이제는 정부가 해야 한다. 20세기에는 회사가 분배와 복지의 중추적 역할을 했다. 21세기에는 회사 간의 격차가 커지고 또 노동자 간의 간의 격차가 커지고 있다. 인공지능, 자동화 등으로 불평등은 더욱 격화될 것이다. 이제 개별 회사들에게 분배와 복지를 맡기지 말고 정부가 사회 전체의 부를 관리하면서 정교하게 분배를 해야 한다.

20세기에 가장 운이 좋은 나라 중 하나가 노르웨이다. 노르웨이 앞바다에서 유전이 펑펑 터지면서 순식간에 자원 대국이 됐다. 노르웨이는 유전에서 벌어들인 부를 특정 계층에 쏠리게 두지 않는다. 국부 펀드(규모만 1조 달러, 1,200조 원이다)를 만들어 전 국민에게 고루 혜택이 돌아가게 하고 있다. 사우디아라비아는 워낙 특수한 케이스여서 논외로 하더라도 미국의 알래스카도 유전에서 얻는 수익의 일부를 알래스카 주민들에게 현금으로 배당하고 있다.

불행히도 우리에게 유전은 없지만 우리에게는 반도체와

자동차와 조선업과 배터리와 'BTS'가 있다. 인적 자원이다. 사양 산업이 돼 가는 석유보다 훨씬 미래 전망이 좋은 자원이다. 원래 사람으로 커온 나라 아니던가.

정부가 사회 전체의 부를 관리하는 방법은 다양하다. 연기금을 활용해도 좋다. 정부는 기업들의 자유로운 활동을 보장해 최대한 수익이 나게 하고, 그 수익을 국민들에게 배당의 형태로 고루 지급한다. 그러면 모든 국민이 반도체와 자동차 수출이 잘 되기를, BTS가 더 많은 인기를 얻도록 원할 것이다. 러다이트 운동 같은 기술 발전에 저항하거나 거부하려는 움직임도 약해질 것이다. 어차피 기술이 발전해 기업이 더 큰 이익을 걷으면 내게 돌아오는 배당도 늘어날 수 있지 않은가. 모든 국민이 사회의 자본을 공유하는 것이다.

49. 수저 계급론과 현대판 소작민들

보다 과감한 정치적 상상력이 필요하다. 상상력의 원천은 역사 속에 있다. 다시 한 번 시간여행을 떠나보자.

현재 우리 삶에 가장 큰 영향을 준 평준화의 기회는 1950년에 찾아왔다. 6.25 전쟁 이전에 실시된 농지개혁이 주인공이다. 해방 직후 남한을 통치하던 미군정청 여론국은 1946년 8월 8,453명에게 "자본주의와 사회주의 중에 뭐가 더 좋아?"라고 물어봤다. 70%가 "사회주의가 좋아"라고 답했다.[19]

이유는 간단하다. 당시 남한 인구의 70%가 농사를 짓는 농민이었고, 이 중 80%가 남의 땅을 빌려 농사를 짓고 소작료를 내는 소작농이었다. 당시 북한의 김일성 정권은 권력을 잡자마자 농지개혁을 실시했다. 지주들에게서 땅을 빼앗아 농민들에게 무상으로 나눠줬다(이때 북한의 많은 지주들이 남한으로 넘어왔다. 설문에 "자본주의가 좋다"고 응답한 14%에는 남한의 지주와 월남한 북한의 지주가 섞여 있을 것이다). 내 땅 한 뙈기 있었으면 죽어 여한이 없겠다는 소원을 품은 소작농들이 사회주의를 동경한 것은 당연하다.

미군정은 안 그래도 남한의 소작제에 문제가 많다고 보고 있었다. 조선시대까지만 해도 소작권 세습이 가능했다. 땅 주인이 매년 40~60%씩 소작료를 받아갔지만 땅에서 소작인을 내쫓을 수는 없었다. 소작인 입장에서는 좀 더럽고 치사하고 아니꼬워도 내 땅이다 생각하고 농사를 지을 수 있었다. 그러다 일제강점기가 되면서 조선총독부는 소작권의 세습을 인정하지 않았다. 땅 주인이 언제든 소작인을 갈아치울 수 있어야 우월적 위치에 설 수 있다. 그 결과 일제강점기에 소작료는 70~80%까지 치솟았다. 소작농들의 삶은 비참해졌다. 무엇보다 대대손손 농사를 짓던 땅에서 쫓겨나는 일이 많아졌다. 그래서 일제강점기 초기 주된 항일운동 형태는 소작농들이 힘을 뭉쳐 싸우는 '소작쟁의'였다.

1945년 8월 해방이 되고 9월이 되자 미군이 남한에 들어왔다. 미군이 보기에 소작료 70%는 말도 안 되는 것이었다. 그래서 그해 말 "소작료로 3분의 1(33%)을 넘게 받으면 안 된다"는 행정명령을 내렸다. 남한은 소작료를 낮췄지만 북한은 훨씬 강력한 정책을 썼다. 북한의 '무상몰수-무상분배' 토지개혁이 일어나자 농민들을 중심으로 동요가 일어났다. 여론을 확인한 미군정은 일본인 지주에게서 빼앗은 땅에 대해 농지개혁을 실시했다. 다만 '자본주의' 원칙에 따라 사유재산을 인정해야 했다. 농민들에게 무상으로 나눠주는 대신 싸게 파는 방식으로 농지개혁을 실시했다.

1948년 8월 출범한 이승만 정권은 미군정의 농지개혁을 이어받았다. 이승만 정권은 한국인 지주들에게서 땅을 싼 값에 사들여 농민들에게 싼 값에 파는 '유상몰수-유상분배' 방식을 택했다. 이승만 대통령이 농지개혁을 실시한 것은 여러 가지 이유가 있다. 미군정이 시작한 사업이니 마무리 지을 필요가 있었고(미군정은 일본에서도 농지개혁을 실시했다), 지주들이 모여 만든 정당인 한민당을 견제할 필요가 있었다. 무엇보다 북한과 본격적인 체제 경쟁의 막이 오른 때라 국민들 민심을 얻어야 할 필요도 있었다. 이승만은 정적인 진보당의 조봉암을 농림부 장관으로 임명해 농지개혁을 맡겼다.

이승만 대통령의 의도가 무엇이었건 간에 농지개혁은 한국사의 변곡점이라 할 만한 효과를 냈다. 땅값은 1년 수확량의 3배로 책정됐고 10년에 걸쳐 분할 상환하도록 했다. 안 그래도 소작을 하면 매년 수확량의 33%를 내야 하는데, 원래 내던 소작료를 10년만 내면 자기 땅이 되는 것이다. 자기 땅에 농사를 지으니 수확량이 확 늘었을까? 꼭 그렇지는 않다. 처음에는 어려웠다. 원래 지주가 종자와 농기구도 사주고 비료도 대주고 했는데, 그걸 스스로 하려니 종잣돈(말 그대로 종자를 살 돈)이 부족한 농민들은 어려움을 겪을 수밖에 없었다. 농지개혁을 시행하자마자 6.25 전쟁이 터져 농사를 짓는 것도 쉽지 않았다. 전쟁으로 물가도 치솟았다. 반대로 미국에서 밀가루 같은 원조 농산물이 쏟아져 들어와 농산물 가격은 폭락했다. 꿈에도 그리던 내 땅을 가졌지만 벌이는 쉬 나아지지 않았다.

당장의 생산량 증가 효과는 미미했지만 그래도 70%의 소작료를 내던 때에 비하면 살림살이는 나아졌다. 무엇보다 경제 외적 효과가 나타나기 시작했다. '미래'를 계획할 수 있게 된 것이다. 농민들은 먼저 아이들을 학교에 보내기 시작했다.

"부자는 망해도 3대를 간다"는 말도 있고 "부자는 3대를 못 넘긴다"는 말도 있다. 뉘앙스는 다르지만 어쨌거나 부자는 3대에서 끝난다는 말이다. 이 말이 어떻게 나온 말인지는 모르지만, 조선시대 과거제도에서 비롯된 말이라는 설도 있다. 조선시대는 철저한 신분제 사회였다. 그런데 공식적인 신분 구분은 '양천제' 즉, 양반과 노비 둘 뿐이었다. 양반은 과거시험에 합격해 관직을 맡는 이들을 뜻한다. 농사를 짓던 평민들도 원칙적으로는 과거 시험을 봐서 양반이 될 수 있었다. 반대로 양반 집안도 후손들이 과거에 합격하지 못하면 평범한 농민으로 전락하기도 했다.

그러다 조선 후기가 되면서 신분이 세습되고 토지 소유관계가 정립되면서 신분제는 관직의 유무가 아니라 지주와 소작농 관계로 굳어졌다. 1894년 공식적인 신분제는 폐지됐지만, 노비가 해방된 것이지 지주-소작 관계가 청산된 것은 아니었다. 따라서 신분제는 1950년 이승만 정권의 농지개혁으로 실질적으로 폐지됐다고 봐야 한다.

신분제가 사라지자 자식 키우는 부모들이 주목한 것은 '고시'였다. 과거제도는 958년 고려의 광종이 중국 당나라의 제도를 본따 만든 일종의 국가고시이다. 조선이 망할 때까지 900년 넘게 이어져왔다. 조선이 망했다고 시험이 사라진 것은 아니다. 일제는 식민지배를 하며 '고등문관시험'이라는 일본판 과거제도를 갖고 들어왔다. 행정과, 외교과, 사법과로 나눠 뽑았는데, 이게 해방 후에도 행정고시, 외무고시, 사법고시로 이어졌다. '고시 공화국'의 시초다.

"조선의 일본화"를 목표로 세운 일제는 조선의 아이들을 일본인으로 키우기 위해 근대식 교육기관도 들여왔다. 그러나 그 수가 많지 않았다. 일단 학교에 다녀 고시에 합격하면 막강한 권력을 얻을 수 있었다. 영의정을 지낸 무슨 어르신의 몇 대

손이고 뭐고 이런 건 필요 없었다. 그저 일본제국에 대한 충성심만 보이면 됐다. '개천의 용' 신화는 일제 때 시작됐다.

해방을 맞이하고 땅을 갖게 된 부모들은 아이들을 학교에 보내는 데 주저하지 않았다. 마침 이승만 정권은 '초등교육 의무화'를 추진하며 무조건 초등교육을 받도록 했다. 부모들은 일단 아이들을 학교에 보내 그중 잘하는 자식이 있으면 전폭적으로 지원했다. 행정고시, 외무고시, 사법고시 뭐든 하나 패스해 집안을 일으키길 꿈꾸며. 그렇게 한국은 개천에서 용을 기르며 '한강의 기적'이라는 경제성장을 이룩했다. 실제 그런지는 모르겠지만 '선진국 클럽'이라는 OECD에도 가입했다.

그러나 잔치는 1997년 끝이 났다. 외환위기 이후 평생고용의 신화는 무너졌고, 비정규직화가 급속하게 진행됐다. 21세기에 접어들어서는 기술 발전에 의한 구조적 실업과 경제적 불평등이라는 내적 모순이 켜켜이 쌓여가고 있다. 땅을 떠나 살 수 없는 농경시대 농부들처럼 현대인들은 일자리가 있는 도시를 떠나 살 수 없다.

도시의 주택은 농경시대 땅과 같다. '내 땅 한 뙈기'를 꿈꾸던 소작농들처럼 '내 집 한 칸'을 꿈꾸지만 점점 멀어지기만 한다. 집이 없는 도시민들은 집주인에게 임대료를 따박따박 내며 산다. 집이 있어도 은행에 대출이자를 내야 한다. 소작료와 뭐가 다를까. 집값이 천정부지로 뛰면서 임대료도 오른다. 은행 이자율이 낮아져도 대출 금액이 커지면 이자 액수는 커진다. 소작료가 오르는 것이다.

'수저 계급론'도 등장했다. 천자문을 뗀 뒤 좋은 스승 밑에서 중국 고전을 공부하며 자란 양반의 자제들이 과거시험에 합격해 관료가 되어 부와 권력을 누렸던 것처럼, '금수저', '은수저'는 어릴 때부터 과외를 받아 좋은 대학에 가고 해외 유명 대학에 유학해 몸값을 올린다. 흙수저들은 그저 유리천장을 쳐다보며 "헬조선"이라며 한숨을 내쉴 뿐이다. 그나마 있던 일자리도 이앙기와 콤바인이 들어온 논처럼 사람을 일터 밖으로 내몰고 있다. 기술의 장벽은 점점 높아지고, 그 벽을 넘을 수 없는 낙오자들은 점점 늘어난다. 역사는 돌고 돈다 했던가. 소작농의 시대와 다른 것이 무엇인가.

1950년의 농지개혁과 같은 과감한 사회경제적 구조 변혁이 필요한 때다. 어쩌면 코로나는 전쟁과 국가붕괴, 혁명 이전에 찾아온 기회일 수도 있다.

50. 사회적 지능도 똑똑해져야 한다

19세기 후반부터 20세기 초는 서유럽에서 '아름다운 시절Belle Epoque'로 통한다. 1871년 프랑스와 독일의 전쟁이 끝난 뒤 평화가 찾아왔다. 그리고 과학기술이 비약적으로 발전했다. 철도 여행이 널리 퍼졌고 거리에는 자동차가 돌아다니기 시작했다. 무선통신이 생겼고 증기선이 등장하며 국제 교역량도 비약적으로 증가했다. 영화와 축음기가 등장했고, 새로운 인쇄기술이 등장해 출판과 언론은 미래의 유토피아를 설파했다. SF소설이 유행했다. 하늘에는 비행기와 비행선이 날아다녔다. 박람회가 열렸고 사람들은 새로운 기술 혁명에 들떠 있었다.

지금 우리 모습과 닮아 있지 않은가? 우리도 올림픽과 박람회와 월드컵을 개최했고, 고속철도가 달리고 비행기를 타고 여행을 하는 것이 대중화되었다. 냉장고와 세탁기, TV는 물론 자동차와 개인용 PC가 거의 모든 가정에 보급됐다(여전히 집은 귀하다). 초고속 인터넷과 무선 통신망이 구축돼 정보통신 혁명이 일어났다.

아마 훗날 문명의 시기를 나눈다면 스마트폰 등장 이전과 이후로 나눌 것이다. 언제 어디서든 전화를 하고 메시지를 주고받는 것뿐 아니라 언제 어디서든 영화도 보고 일도 하고 게임도 할 수 있게 됐다. 절대빈곤에서 벗어나 맛집을 찾아다니는 세상이다. 의학기술이 발전해 100세 시대라 부르고 있다. 대한민국의 지난 70년은 '벨 에포크'다.

그러나 유럽의 '벨 에포크' 뒤에는 엄청난 폭력적 파괴가 뒤따랐다. 벨 에포크는 공장 노동자와 식민지에 대한 착취에 기반하고 있었다. 공장 노동자를 중심으로는 사회주의 사상이 퍼져나갔다. 식민지 착취 경쟁에서 밀린 경쟁자(독일과 같은)들은 조급해하기 시작했다. 계층 간, 국가 간 불평등이 차곡차곡 쌓였다. 수백 년 동안 부글부글 끓는 마그마가 솟구쳐 화산 폭발이 일어나고, 지하 깊은 곳에서 누적된 단층의 이동이 쌓여 지진이 일어나고, 주기적인 진동 피로도가 쌓여 다리가 뚝 끊어지듯이 불평등에 대한 불만이 누적돼 한 순간 전쟁으로 터져나왔다.

제2차 세계대전이 끝나고 유럽은 다시는 비극적인 역사를 되풀이하지 않겠다는 의지로 EU와 같은 공동체를 만들며 지난 70년을 돌파해왔다. 그러나 다시 붕괴의 조짐이 보인다. 최근 프랑스의 마크롱 대통령은 "지금과 같은 불평등이 지속된다면 전쟁과 민주주의 파괴가 일어날 것"이라고 경고했다. 프랑스는 지니계수 0.29로 한국(0.35)보다 양극화가 덜한 나라인데도 말이다.

그렇지만 전쟁이 일어날 가능성은 높지 않을 것이다. 20세기 최고의 발명품은 민주주의다. 우리는 총과 칼 대신 마이크와 투표용지를 손에 쥐고 싸운다. 4, 5년 마다 벌어지는 선거는 총성 없는 전쟁이다. 즉, 정치가 문제를 해결할 수 있다고, 아니 해결해야만 한다고 믿는다.

내가 다음 생에 태어나 역사학자가 된다면 '타다TADA' 갈등을

'21세기 러다이트 운동'으로 기록할 것이다.

기계는 18세기 증기기관 발명 이전부터 혁신가들에 의해 꾸준히 창조됐다. 사회가 이를 수용 못했을 뿐이었다. 1586년 직조기를 발명한 폴란드의 안톤 뮐러는 시의회에 특허를 내러 갔다가 사형을 선고 받았다. 1589년 뜨개질 기계를 발명한 영국의 윌리엄 리는 특허를 신청했으나 엘리자베스 1세 여왕은 "백성들의 일자리를 빼앗고 거지로 만들 것"이라며 특허를 거부했다.[20]

그러다 1760년 영국의 와트가 증기기관을 만들었고 하그리브스는 방적기를 만들었다. 기계가 급속도로 보급되면서 생존권의 위협을 받은 숙련 직조공 등 수공업 장인들은 기계를 파괴하고 기계 제작자들에게 테러를 가했다. 일명 '러다이트 운동'이다. 영국 의회는 1812년에야 파괴 금지법을 만들어 러다이트 운동을 처벌하기 시작했다.

모든 변화와 혁신에는 저항이 따르기 마련이다. 그렇지만 저항에도 불구하고 변화와 혁신이 이기고 만다. 그런 점에서 지금 벌어지고 있는 기계 문명의 진화를 막을 수는 없다. 그렇지만 미약하더라도 저항이 진화 속도를 늦추며 대안을 찾는 시간을 벌어줄 수는 있을 것이다.

그런 측면에서 보면 정부의 '플랫폼 시대' 대응법에는 아쉬운 점이 많다. 정부는 '대통령직속 4차 산업혁명위원회'라는 것을 만들어 미래 산업의 변화에 대응하고 있다. 그런데 '산업'만 있지 '사회'가 없다. 4차 산업혁명위원회 위원은 정부 관련 부처 장관 몇 명을 포함해 대부분 기업인이거나 대학 교수들이다. 3기에 와서야 한국노총 부설 연구원의 노동 전문가가 한 명 포함됐을 뿐이다.[21] 4차 산업혁명이 플랫폼 기업의 전유물은 아닐 텐데 말이다.

똑똑해져야 할 것은 인공지능뿐만이 아니다. 사회적 지능도 똑똑해져야 한다.

51. 사람이 사람을 위해 하는 일

인공지능이 항상 똑똑한 건 아니다. 하루는 이런 일이 있었다. 배민 배달을 하는데 점심 피크 타임이었다. 순두부집 콜이 들어와 음식이 나오길 기다리고 있었다. 그런데 같은 식당 콜이 하나 더 배정이 됐다. 두 콜 모두 같은 동네이기 때문에 음식점에서 음식 두 개를 받아 한 번에 배달하라는 인공지능의 지시였다. 보통 이런 '묶음 배달'은 환영할 일이다. 배달하는 데 드는 시간은 거의 절반이고 배달료는 2배로 받을 수 있으니까. 그런데 배달 가야 할 곳 두 곳을 보니 도저히 한 번에 돌 수 없는 곳이었다.

인공지능은 음식점과 배달지의 거리를 직선거리로 파악한다. 먼저 주문이 들어온 A와 다음에 주문이 들어온 B 사이에는 KTX 차량기지가 있다. 어플리케이션에는 음식점에서 A까지의 거리가 800m로 표시돼 있지만 차량기지가 워낙 광활하기 때문에 돌아서 가면 2km가 넘는 곳이었다. 게다가 나중에 주문이 들어온 B는 차량기지 반대편에 있어서 갔던 길을 다시 돌아와 가야 했다.

얼추 계산해보니, A에 배달을 하고 B로 이동하려면 20분이 넘게 걸릴 것 같았다. 마침 피크 시간이어서 B 주문 음식이 나오려면 15분 정도 시간이 걸릴 것 같아 일단 A부터 배달하기로 했다. 심지어 A에서 순두부 세트 6인분을 주문해서 배달 가방이 꽉 찼기 때문에 도저히 B 주문까지 묶음배달을 할 수도 없었다.

무거운 배달 가방을 매고 전속력으로 달려 A에 당도했다. 공장이었다. 일하시는 분들 6명이 반갑게 음식을 맞았다. 곧 이어 공장 바깥에 있던 사장님이 계산을 하러 들어오셨다. 그런데 배달 어플리케이션에 카드 결제 화면이 뜨지를 않았다. 당황해서 배민 관리자에게 전화를 걸었다.

"카드 결제 화면이 안 뜨네요."

"혹시 묶음 배달인데 두 번째 음식 픽업 안 하셨어요?"

"네. 두 번째 음식 나오려면 오래 걸릴 것 같아서 먼저 배달하고 하려고요."

"아이 참, AI가 시키는 대로 하셔야죠!"

관리자가 버럭 짜증을 내기 시작했다.

"배달한 지 얼마나 되셨어요?"

"6개월 정도 됐는데요."

"그런데 이런 것도 몰라요?"

평소 한 성깔 하는 성격인지라 나도 '욱' 해서 "너 몇 살이야?!?!"라면서 대거리하려다가 참을 수밖에 없었다. 내 앞에 직원들 점심을 주문한 사장님이 카드를 들고 기다리고 있었기 때문이다. 오히려 사장님은 내가 걱정이 됐는지, "제가 현금이 없어서 그런데 계좌이체로 해드려도 될까요?"라고 대안을 제시하셨다.

"아. 그래주시겠어요?"

사장님은 직접 배민 콜센터에 전화를 걸어 계좌이체 방법을 물어보고 있는데, 내 배민 라이더 어플리케이션의 화면에 카드 결제 창이 떴다(관리자가 성질은 냈어도 조치를 한 모양이었다).

"아, 사장님. 이제 카드 결제 됩니다. 카드로 결제해드릴게요."

마침내 카드 결제에 성공했다. 이 난리를 피우는 동안 15분이 흘렀다. 내게 배정됐던 B 주문은 이미 취소돼 다른 라이더에게 배정이 됐다. 결제를 마치고 자전거에 올라타 출발하려는데 사장님이 내게 말을 건넸다.

"이거 시간 너무 많이 빼앗아서 어떡해요."

순간 울컥했다. 인공지능과 관리자에게 당한 설움이 한 순간에 녹아내렸다.

이런 일도 있었다. 비 오는 날 배달을 하면 배민커넥터의 경우 건당 600원의 할증 요금을 더 받는다. 그래서 적당히 비가 부슬부슬 내리는 날은 배달할 때 기운이 뿜뿜 솟기도 한다. 그런데 장대비가 쏟아지는 날은 다르다. 우비를 챙겨 입어도 비에 젖는지 땀에 젖는지 어떤 식으로든 흠뻑 젖게 마련이다. 시야도 좁아져 신경이 많이 쓰이고, 길도 미끄럽기 때문에 더 조심해야 한다. 음식에 빗물이 들어가지 않게 주의해야 하는 등 매우 피곤하다.

하루는 해가 쨍할 때 나가는 바람에 우비를 챙겨 나가지 않았는데 장대 같은 소나기가 마구 쏟아졌다. 이미 받은 콜이라 취소할 수도 없었고, 언제 그칠지도 모르는데 비를 피하고 있을 수도 없었다. 장대비를 뚫고 배달을 진행했다. 어느 아파트 5층이었다. "집 앞에 두고 벨 눌러주세요"라는 비대면 요청이기에 음식을 문 앞에 두고 벨을 누른 뒤 계단으로 내려가려던 찰나 '띠리릭' 하고 문이 열렸다. 여성분이 맨발로 허겁지겁 뛰어나오더니 "비 오는데 배달시켜서 죄송해요"라며 '비타 500' 한 병을 손에 쥐어주었다.

순간 눈물이 핑~ 돌 뻔. 나도 우리 집 냉장고에 비타500이나 박카스 같은 걸 준비해둬야겠다.

아무리 비대면이니 인공지능이니 로봇이니 해도 결국은 모두 사람이 하는 일이고 사람들을 위해 하는 일이다.

대학 졸업 후 작은 언론사에 기자로 취직을 했다. 일
배우느라 바빴고, 밤 11시까지 야근을 하는 일도 잦았다.
그렇게 정신없이 4, 5년이 흐르고 야근에 지쳐갈 무렵
문득 "가장 인간적인 노동이 뭘까?"라는 고민에 빠졌다.
마침 그 무렵 '저녁이 있는 삶'이라는 선거 구호도 인기를
끌었다. 고민을 거듭한 결과 가장 인간적인 노동은
결국 "해 뜨면 나가서 일하고, 해 지면 집에 돌아와 쉬는
일"이라는 결론을 내렸다.

　　그럼 그런 일이 뭐가 있을까 생각해보니, 정답은
'농사'였다. 게다가 농사는 봄부터 가을까지 한다. 쨍한
날 궂은 날 날씨에 맞춰 일을 한다. 여름 한낮 해가
너무 뜨거울 때는 쉬기도 한다. 2014년 안나푸르나
트레킹 도중에 만난 60대 노신사는 안나푸르나는 물론
탄자니아의 킬리만자로, 뉴질랜드의 밀포드, 페루와
볼리비아의 티티카카 등 유명한 트레킹 코스는 안 가본
곳이 없었다. 직업을 여쭤보니 딸기 농사를 짓는다고
했다. 돈을 허투루 쓰지 않고 농한기 때마다 여행하는
낙으로 사신다고 했다.

　　물론 과거 농경사회 시절에는 달랐을 것이다.

그때는 농사철에도 일하고 나머지 기간에도 쉬지 못하고
뭔가를 해야 했다. 가을에 추수가 끝나면 볏짚을 수거해
초가지붕을 새로 이어야 했고 짚신도 삼아야 했다.
주변에서 이런저런 재료를 구해다 살림살이에 필요한
각종 도구도 직접 만들어야 했다. 겨울에는 김장도
해야 하고 땔감도 구해야 하고 닥나무 긁어 한지를 떠서
창호지도 갈고 장판도 새로 까는 등 농사 외로 해야 할
일이 많았다. 그럼에도 불구하고 자연의 흐름에 맞춰 사는
삶이 근사하게 느껴지지 않는가.

'가장 인간적인 노동'을 갈구하던 나는 2020년
2월 사무실 책상과 의자를 떠나 길 위에 섰다. '내가
원할 때 원하는 만큼 일할 수 있고', '내가 일하는 만큼
벌 수 있다'는 일을 찾아 나섰다. 그래서 가장 인간적인
노동을 만났냐고? 글쎄다. 대신 "일하다 죽을 수도
있겠구나"라는 생각은 확실하게 들었다.

한번은 20년 된 오래된 차를 고치러 동네 정비소에
갔을 때였다. 트럭을 전문으로 고치는 곳인지 개인용달의
1톤 화물차들이 끊임없이 드나들었다.

"사장님. 요즘 택배 화물차 늘어서 수입 좀
늘었겠어요?"

"택배기사들은 새벽 6시에 출근해서 밤 12시에
퇴근하는데 어디 차 고칠 시간이 있대요? 잔 고장 정도는
그냥 타고 다녀요. 그러다가 아예 퍼져서 안 움직이면

그때 견인돼서 들어와요."

2020년 1월부터 10월까지 과로사로 추정되는 택배 관련 사망자만 15명이다. 팔 다리 허리가 쑤시고 아파도, 가슴이 답답해도, 시간이 없어 참고 일하다 결국 쓰러지고 말았다. 길 위에서 퍼져야 견인돼 정비소로 가는 트럭들처럼.

그뿐인가. 쿠팡 물류센터에서 야간 근무를 주로 하던 노동자가 숨진 일도 있었다. 쿠팡 측에서는 정해진 노동시간을 초과하지 않았다고 해명했다. 하루에 정해진 8시간을 일했더라도 야간노동은 국제노동기구에서 지정한 '2급 발암물질'에 해당한다. 그래서 밤 10시 이후의 야간 근무는 정해진 시급의 1.5배를 지급한다. 오히려 그게 독이 됐을까? 나도 쿠팡 야간 근무조의 유혹을 종종 느끼곤 했다. 낮에 8시간을 일하면 일당이 7만 원 남짓인데, 야간조로 일하면 같은 시간을 일하고도 10만 원 넘는 일당을 벌 수 있다. 밤 11시면 곯아떨어지는 내 라이프스타일을 아는 아내가 만류하지 않았다면 나 역시 야간노동의 덫에 빠졌을지도 모른다.

사실 야간노동의 위험에 늘 노출돼 있는 사람들은 대리운전 기사들이다. 대리기사들은 보통 저녁 7시쯤 출근해 밤 12시쯤 퇴근한다. 이렇게 일하는 사람들이 한 달 내내 일하면 보통 150~200만 원을 번다. 그보다 돈을 더 많이 벌어야 하는 사람들은 새벽 첫 차가 다닐 때까지 대리운전을 한다.

그럼 배달 라이더들은 어떨까? 2020년 10월, 이수진 의원이 근로복지공단에서 제출받아 공개한 산재사고 자료에 따르면 지난 5년 동안 배달 사고로 사망한 라이더가 30명이라고 한다. 30명? 말도 안 되는 숫자다. 2020년 상반기에만 이륜차 교통사고로 사망한 사람이 265명이다. 맥도널드처럼 대형 프랜차이즈에 직접 고용된 라이더들은 산재보험에 가입되어 있지만, 대부분의 배달대행 라이더들은 산재보험에 가입하지 않은 상태다. 즉, 배달하다 죽는 사람이 몇 명인지 우리는 알지도 못하고, 그동안 알아볼 생각도 별로 없었던 것이다.

영화 〈친구〉의 유명한 대사가 있다. "니 아부지 머하시노?"

대다수의 대리기사와 라이더와 택배기사들은 묵묵히 자기의 일을 하고 있다. 대한민국에 사는 5,200만 명의 사람들 중에 음식 배달과 택배 한 번 쓰지 않고 사는 사람들이 몇이나 될까? 대리운전을 이용하는 비율은 배달이나 택배보다야 덜하겠지만 음주운전을 줄이고 자영업 시장에 활력을 불어넣는 사회적, 산업적 순기능이 크다. 그럼에도 불구하고 이 업종 종사자들은 이 질문에 숨이 턱 막히고 만다. "직업이 뭡니까?" 아무리 열심히 일을 해도, 직업적 숙련도가 쌓이고 실력이 좋아져도 대중은 그저 이들을 '알바' 취급하고 말 뿐이다.

래퍼 쌈디가 읊조리는 유명한 광고 카피라이트가
떠오른다.

"왜 알바를 직업이 아니라고 생각해? 누구나 할 수
있는 일이라서? 그럼 다들 해보세요. 알바를 RESPECT!"

무엇이든 배달하는 세상. 우리는 배달을 우리 삶에
필수적인 영역이자 전문적인 직업으로 인정해야 한다.
그것이 모든 문제 해결의 출발점이다.

Touch!

Touch!

Touch!

Touch!

Touch!

ch!

Touch!

Touch!

Touch!

Touch!

Touch!

Tc

ch!

주석 및 참고 자료

1장

1. 김정은, 아마존 CEO "고객 만족 최선"…직원들은 근로조건 항의 시위, 「연합뉴스」, 2018.04.25., https://www.yna.co.kr/view/AKR20180425060500009

2. 전재욱, 아마존닷컴, 8700억에 키바시스템 인수.. "물류 자동화로 혁신", 「아주경제」, 2010.03.20., https://www.ajunews.com/view/20120320000351

3. 강신우, "건당 2초면 배송준비 끝"…쓱닷컴 '네오' 물류센터 가보니, 「이데일리」, 2019.06.25., https://www.edaily.co.kr/news/read?newsId=03155366622525328&mediaCodeNo=257&OutLnkChk=Y

4. JD.com, Fully Automated Warehouse in Shanghai. https://youtu.be/RFV8IkY52iY

5. 농심 백산수 광고: 스마트팩토리 편. https://youtu.be/J4m3iQ7liW8

6. 이효상·정대연, "최저임금 노동자 408만명 사실상 급여 삭감", 「경향신문」, 2020.07.14., http://news.khan.co.kr/kh_news/khan_art_view.html?art_id=202007142100015#csidx2d73ce2c697ed18abbca54e2799007d

7. 한때 '알바노조'가 대형 프랜차이즈 업체를 대상으로 근로조건 개선을 위한 시위 등 단체행동에 나섰으나, 협상 대상이 일부 대형 업체에 한정돼 있었다.

8. 황희경, "코로나19에 온라인 주문 폭주…쿠팡 로켓배송 지연", 「연합뉴스」, 2020.02.20, https://www.yna.co.kr/view/AKR20200220119751030

9. 추인영, "택배가 사재기 막은 거 맞네", 「중앙일보」, 2020.04.10, https://news.joins.com/article/23751308

10. 김연정, "작년 온라인 쇼핑 135조…'폭풍성장' 배달음식이 주도", 「연합뉴스」, 2020.02.05., https://www.yna.co.kr/view/AKR20200205063400002

11. 홍용덕, "이재명, 집단감염 발생 쿠팡 부천물류센터 '2주 집합금지' 명령", 「한겨레」, 2020.05.28., http://www.hani.co.kr/arti/area/capital/946873.html

12. 안승진, "부천 쿠팡 물류센터 97% 비정규직… '아프면 쉬기' 먼 얘기", 「세계일보」, 2020.05.28., http://m.segye.com/

view/20200528512317

13. 김미리내, "쿠팡플렉스도 자동차보험 보장받는다", 「비즈니스워치」, 2020.07.06., http://news.bizwatch.co.kr/article/finance/2020/07/03/0011

14. 차지연, "가수 '상위 1%' 63명 연소득 34억원…1%가 전체소득 53% 차지", 〈연합뉴스〉, 2020. 10.26., https://www.yna.co.kr/view/

15. 모 자동차 제조사는 한때 생산직 채용을 하면서 고등학교 생활기록부를 제출받았다.

2장

1. 정확히 말하면 배민라이더는 ㈜우아한형제들의 자회사인 '㈜우아한청년들'이 고용한다.

2. 사실 실제 배달 거리는 1km, 2km를 넘는 경우가 많다. 배민라이더 어플리케이션은 직선거리를 기준으로 거리를 매기기 때문이다.

3. 류영상, "'긱경제 활성화에도' 이륜차 57% 무보험…어찌하오리까", 「매일경제」, 2019.11.27., https://www.mk.co.kr/news/economy/view/2019/11/989911/

4. 전혜영, "보험료 최고 10배? 배달용 오토바이 보험, 왜 비싼가 보니…", 「머니투데이」, 2019.11.24., https://news.mt.co.kr/mtview.php?no=2019112217482152744&outlink=1&ref=https%3A%2F%2Fwww.google.com

5. 국토교통부(교통안전복지과) 보도자료, "배달 오토바이의 사고를 줄여나가겠습니다", 2020.04.27., https://www.gov.kr/portal/ntnadmNews/2149583

6. 양길성·최다은, "언택트 시대에 배달 폭주…오토바이 사고 나홀로 증가", 「한국경제」, 2020.05.18., https://www.hankyung.com/society/article/2020051510821

7. 강갑생, "큰 회사, 동네 치킨집 구분없는 배달 오토바이의 '무법'", 「중앙일보」, 2020.03.31., https://news.joins.com/article/23743202

8. 김지영, "배달의민족, 자율주행 실내 배달로봇 시범 운행", 「머니투데이」, 2019.10.07., https://news.mt.co.kr/mtview.php?no=2019100708365471120

9. 방영덕, "호텔 손님이 요청한 물건 이젠 AI로봇이 전달해 줘", 「매일경제」, 2019.02.25., https://www.mk.co.kr/news/business/view/2019/02/114542/

주석 및 참고 자료

10. 김현수, "LG 서빙로봇 '클로이' 실제 매장 데뷔", 「동아일보」, 2020.02.04., https://www.donga.com/news/article/all/20200204/99522139/1

11. 노현섭, "편의점 도시락 시키신분. 제주에 드론 배달부 뜬다", 「서울경제」 2020.06.08., https://www.sedaily.com/NewsVIew/1Z3Y3JU74N

12. 우고운, "美 '총알 배송' 시대 성큼…아마존, 드론 운항 허가 받아", 「조선일보」 2020.09.01., https://biz.chosun.com/site/data/html_dir/2020/09/01/2020090101709.html

3장

1. 김상진·강인식·김진경, "특별기획- 교통문화가 국격을 좌우한다 ③ 음주운전", 「중앙일보」 2010.06.09., https://news.joins.com/article/4228202

2. 박찬웅, "택시 승차거부 신고, 올해 절반으로 뚝 '타다 효과?'", 「비즈한국」 2019.11.15., http://www.bizhankook.com/bk/article/18946

3. 박성희·김장호 외, "대리운전 실태조사 및 정책연구", 국토교통부, 2020.04.

4. 강상욱 외, "외국의 택시제도 운영사례와 시사점", 한국교통연구원 수시연구 2013-05.

5. 엄지용, "코앞 닥친 AB5법의 의미, 美 우버 노동자들은 안녕했을까", 「바이라인네트워크」 2019.12.18., https://byline.network/2019/12/18-81/

6. "우버 "직접 고용하느니 하청"…가주서 우회 서비스 추진" 「LA중앙일보」 2020.08.19., http://m.at.koreadaily.com/news/read.asp?art_id=8577397

7. 정은희·윤지연·은혜진, "딜리버리 히어로의 호주 '먹튀' 사건", 「참세상」 2020.02.04., http://www.newscham.net/news/view.php?board=news&nid=104579

8. 전승훈, "푸도라, 캐나다 서비스 중단", 「캐나다 한국일보」 2020.04.28., https://www.koreatimes.net/ArticleViewer/Article/128370

9. 쿠팡이츠가 배달원 평점 제도를 도입했다가 없애기로 했고, 배달의민족 역시 '등급제'를 도입하려다 연기했다. 기업 입장에서는 양질의 서비스를 위해 서비스 제공자(배달원)의 평가 시스템이 필요하지만, '지휘/통제' 논란의 여지가 있어 도입에 신중할 수밖에 없다.

마트 다 배달합니다

4장

1. 이혜원, "언감생심 서울 아파트⋯돈 있는 사람만 산다", 「뉴시스」 2020.05.26., https://mobile.newsis.com/view.html?ar_id=NISX20200525_0001036368

2. 선수현, "제2의 월급 꿈꾼다면? N잡으로 '부캐' 만들기", 「topclass」 2020.09., http://topclass.chosun.com/board/view.asp?catecode=R&tnu=202009100005

3. 이선목, "GS리테일, 업계 최초 도보 배달 플랫폼 '우딜' 출범", 「조선비즈」 2020.08.03., https://biz.chosun.com/site/data/html_dir/2020/08/03/2020080300987.html

4. 임선영, "택시기사 27%가 65세 이상⋯90세 넘는 기사도 237명", 「중앙일보」 2018.09.30., https://news.joins.com/article/23007943

5. Forbes.com, WORLD'S BILLIONAIRES LIST: The Richest in 2020., https://www.forbes.com/

6. 김낙년, "한국의 소득불평등, 1963-2010", 경제발전연구, 2012.

7. 손해용, "일자리·복지 수십조 쏟고도⋯상·하위 소득격차 5.3배 최악", 「중앙일보」 2019.08.23., https://news.joins.com/article/23559666

8. 윤영숙, "'공포의 직장' 아마존⋯신입 연봉은 IT기업 중 최고", 「연합뉴스」 2016.05.09., https://www.yna.co.kr/view/AKR20160509144100009

9. 채선희, "쿠팡, '입사 축하금 5000만원' 걸고 기술직 200명 공채", 「한국경제」 2020.06.24., https://www.hankyung.com/life/article/202006244150g

10. 발터 샤이델, 《불평등의 역사》, 조미현 옮김, 에코리브르(2017)

11. 이윤영, "베조스 재산 2천억불 넘자 몰려든 시위대⋯저택앞 단두대 설치", 「연합뉴스」 2020.08.28., https://www.yna.co.kr/view/AKR20200828110000009

12. 조용헌, "[조용헌 살롱] 하회마을 북촌댁(北村宅)", 「조선일보」 2004.10.29., https://www.chosun.com/site/data/html_dir/2004/10/29/2004102970394.html

13. 유종성, "기본소득은 복지국가의 적이 아니라 구원투수", 「프레시안」 2020.06.24., https://www.pressian.com/pages/articles/2020062215303374136

14. 연윤정, "대리기사 산재보험 가입 고작 3명", 「매일노동뉴스」 2020.09.04., https://www.labortoday.co.kr/news/

articleView.html?idxno=166399

15. 김보름, "카카오뱅크, 대출 89%가 고신용자 '쏠림 심각'", 「문화일보」 2020.10.12., http://www.munhwa.com/news/view.html?no=2020101201072403351001

16. 진달래, "배달노동자, 배달의민족에 단체교섭 요구… 플랫폼 노조 첫 사례", 「한국일보」 2019.12.15., https://www.hankookilbo.com/News/Read/201912151570015700?did=PA&dtype=3&dtypecode=3639

17. 배정원, "'무인점포로 바꿨더니, 평당 매출 2배 늘었다'…인기 비결은", 「중앙일보」 2020.08.08., https://news.joins.com/article/23843877

18. 김지환, "'우리가 사용자인지 불분명'…카카오, 대리노조 교섭요구 거부", 「경향신문」 2020.08.28., http://news.khan.co.kr/kh_news/khan_art_view.html?art_id=202008281710001

19. 「동아일보」 1946년 8월 13일자. 3면.

20. 대런 애쓰모글루·제임스 A. 로빈슨, 「국가는 왜 실패하는가」 최완규 옮김, 장경덕 감수, 시공사(2012)

21. 이효상, "4차산업혁명위원회 유일한 노동계 위원 황선자씨-위원회 권고문, IT 기업가인 위원장이 경영계 입장만 반영", 「경향신문」 2019.11.05., http://news.khan.co.kr/kh_news/khan_art_view.html?art_id=201911052217005

뭐든 다 배달합니다
쿠팡·배민·카카오 플랫폼노동
200일의 기록

김하영 지음

초판 1쇄 2020년 11월 26일 발행
초판 6쇄 2023년 5월 1일 발행

979-11-5706-216-4(03300)

만든 사람들

공동기획   김형숙

기획편집   배소라

편집도움   진용주

디자인   이준한

삽화   김하영

마케팅   최재희 신재철

인쇄   천광인쇄사

펴낸이   김현종
펴낸곳   (주)메디치미디어
경영지원   이도형 이민주 김도원
등록일   2008년 8월 20일 제300-2008-76호
주소   서울시 중구 중림로7길 4, 3층
전화   02-735-3308
팩스   02-735-3309
이메일   editor@medicimedia.co.kr
페이스북   facebook.com/medicimedia
인스타그램   @medicimedia
홈페이지   www.medicimedia.co.kr